新课程　新教材　新作业设计　初中版　　总主编　刘增花

数学
新作业设计
指导手册

第七册　上

刘增花　著

暨南大学出版社
JINAN UNIVERSITY PRESS

中国·广州

图书在版编目（CIP）数据

数学新作业设计指导手册. 第七册 上 / 刘增花著.
广州 ： 暨南大学出版社，2025．5．—（新课程 新教
材 新作业设计 ：初中版 / 刘增花总主编）.
ISBN 978-7-5668-4099-8

Ⅰ．G633.602

中国国家版本馆 CIP 数据核字第 2024QH6437 号

数学新作业设计指导手册（第七册 上）
SHUXUE XIN ZUOYE SHEJI ZHIDAO SHOUCE（DI-QI CE SHANG）
著 者：刘增花

出 版 人：阳 翼
策划编辑：武艳飞
责任编辑：陈俞潼
责任校对：刘舜怡 黄子聪
责任印制：周一丹 郑玉婷

出版发行：暨南大学出版社（511434）
电 话：总编室（8620）31105261
　　　　营销部（8620）37331682 37331689
传 真：（8620）31105289（办公室） 37331684（营销部）
网 址：http：//www.jnupress.com
排 版：广州市新晨文化发展有限公司
印 刷：广东信源文化科技有限公司
开 本：787mm×960mm 1/16
印 张：15.25
字 数：278 千
版 次：2025 年 5 月第 1 版
印 次：2025 年 5 月第 1 次
定 价：58.00 元

本书出版得到韩山师范学院广东省中小学教师发展中心经费资助

新课程　新教材　新作业设计：初中版

编写委员会

总　主　编：刘增花

编写成员：林继森　陈在举　曾　舜

　　　　　谢树雄　黄伟栋

前　言

"新课程　新教材　新作业设计"是刘增花老师及其团队的一项重点教学改革课题成果。

在谈这本书之前，我想先谈谈研究对一个教师的意义。在我的眼里，一个教师的成长可以分为三个层次：第一个层次是经过多年的教学实践，积累了丰富的教学经验，练就了较强的教育教学能力，成长为一个经验型教师；第二个层次是既积累了丰富的教学经验，又善于对教育教学进行反思、研究，并从中提炼出可供参考、借鉴的理念、方法、模式，达到这个层次就是一个学者型教师了；第三个层次是能够在反思和研究中形成自己的教育思想和理论体系，达到这个层次可以被称为教育家型教师。成为一个经验型教师，这是最容易做到的，而要成长为学者型教师乃至教育家型教师，就要不断对教育教学进行反思与研究。因此，教育教学研究对一个教师的成长有着非常重要的意义，一个教师最终能否破茧成蝶，关键是他能否以持续有效的学术研究支撑自己的教育教学活动。

接下来的问题是如何开展教育教学研究？教育教学的目的不同，方式方法就不同。一些以教学为着眼点，目的是探求有效教学的方式方法，诸如课堂研究、案例研究、教学设计等，往往属于这种类型；一些以研究为着眼点，并不直接服务于教学，目的是探求教育教学的本质和规律。"新课程　新教材　新作业设计"很明显属于前一种研究。

我的学科背景是文科，很难对本书有精准的评价。以一个外行人的眼光来看，我以为本书有以下三个亮点：

第一，体现了新课程的理念。新课程的理念不仅要落实在教师的"教"上，更重要的是要落实在学生的"学"与"做"上。本书在作业的设计上，很重视对学生"抽象能力""推理能力"的训练，这是着眼于培养学生数学学科的核心素养。本书还有"综合与实践"的独立章节，让学生探究进位制在人类文明发展史上的意义，让学生运用所学的数学、体育等学科知识设计学校田径运动会比赛场地。我想这类作业也体现了新课程重视实践性学习、重视跨学科学习的理念。所以，本书在新作业设计前面冠以"新课程""新教材"是名副其实的。

第二，体现了学术的严谨性。虽然本书属于应用型研究，但是从体例上看是比较严谨的。每个单元有"单元教材分析"以及"单元学习与作业目标"的界定。每个课时的作业设计先是对"课时目标""课时重难点"进行分析，在此基础上再设计作业。作业设计又分为"基础性作业""拓展性作业"两种类型，还按不同类型设计了作业评价指标体系。所以，这是一套严谨的作业体系，其中体现了学术的科学性与严谨性。

第三，有较强的实用性。这一点不用过多说明，无论是对教师或者学生，本书都有很大的参考应用价值。

最后，我还想说的是，我心目中的好教师至少要是一位学者型教师。一位教师，只有不断对自己的教育教学进行反思和研究，不断挑战固有的经验与做法，他的思想才是常新的，他的教育活动才是充满生机活力的，他也才能对几十年如一日的工作保持着热情，才能在教育教学中感受到自己的价值与意义。

也就是说，不仅是教育，学术研究活动也是构建人生价值与意义的过程。

韩山师范学院副校长、教授黄景忠
2025 年 2 月

目录
CONTENTS

第四单元　整式的加减　111

第五单元　一元一次方程　135

第六单元　几何图形初步　　**189**

综合与实践 设计学校田径运动会比赛场地 **227**

有理数

一、单元教材分析

"有理数"是"数与代数"领域"数与式"主题中的重要内容，是后续学习无理数、实数的基础，也是研究代数式、方程、函数的基础．本单元的主要内容是正数和负数、有理数的概念、数轴、相反数、绝对值以及有理数的大小比较．学生在前三个学段学习的数及其运算的基础上，把对数的认识扩大到有理数范围，初步体会数系扩充，发展抽象能力和推理能力．数轴是数形结合思想的一个重要载体，在本单元学习中发挥着重要的作用，也是后续学习实数、平面直角坐标系、不等式等内容的基础，数轴的学习和使用有利于学生发展抽象能力和几何直观思维．

二、单元学习与作业目标

（一）单元学习目标

（1）经历从实际问题中抽象出负数的过程，会用正数和负数表示具体情境中具有相反意义的量，理解负数和有理数的意义，初步体会数系扩充，发展抽象能力．

（2）经历对数轴的探究过程，能用数轴上的点表示有理数；能借助数轴理解相反数和绝对值的意义，掌握求有理数的相反数和绝对值的方法，初步体会数形结合的思想方法，发展几何直观思维．

（3）通过探究获得比较有理数大小的方法，能比较有理数的大小，初步了解代数推理．

（二）单元作业目标

1. 第一课时"正数和负数"作业目标

学生通过作业练习体会到正数和负数的意义，并能表示相反意义的量，分析实际生活的例子，发展抽象能力．

2. 第二课时"有理数的概念"作业目标

学生通过作业练习掌握有理数的概念，并能对有理数进行归类．

3. 第三课时"数轴"作业目标

学生通过作业练习掌握数轴的概念，体会与运用数形结合思想，提升抽象能力.

4. 第四课时"相反数"作业目标

学生通过作业练习掌握相反数的概念与意义，培养抽象能力与推理能力.

5. 第五课时"绝对值"作业目标

学生通过作业练习掌握绝对值的几何意义和运算，培养分类思想.

6. 第六课时"有理数的大小比较"作业目标

学生通过作业练习能比较有理数的大小，体会几何直观，感受代数推理.

三、单元课时作业

第一课时　正数和负数

课时目标

理解负数的意义，发展学生的抽象能力.

课时重难点

课时重点：会用正数和负数表示具体情境中具有相反意义的量.

课时难点：用正数、负数表示具有相反意义的量，描述向指定方向变化的情况.

作业时长

基础性作业 6 分钟，拓展性作业 6 分钟，合计 12 分钟.

作业类型

□个性化作业　☑分层作业　□开放性作业　☑探究性作业

□项目式作业　□跨学科作业　□综合与实践作业

基础性作业

1. 史料证明：两千多年前，中国人已经开始使用正负数表示具有相反意义的量了. 若向东走 50 米记作 +50 米，则向西走 60 米可记作（　　　）

　A. -60 米　　　　B. 0 米　　　　　C. 60 米　　　　D. 110 米

2. 有理数 5，$-\dfrac{1}{6}$，3.14，-30.65，0，+239 中，负数的个数为（　　　）

　A. 0　　　　　　B. 1　　　　　　C. 2　　　　　　D. 3

3. 下列结论中正确的是（　　　）

    A. 0 既是正数，又是负数　　　　　　B. 0 是最小的正数

    C. 0 是最大的负数　　　　　　　　　D. 0 既不是正数，也不是负数

4. 中国是最早采用正负数表示相反意义的量，并进行负数运算的国家．若把气温为零上 10 ℃记作 +10 ℃，则 −3 ℃表示气温为_____．

5. 手机微信支付因方便快捷被广泛使用，在"我的钱包"账单里收到微信红包 16 元记为 +16，买文具支付 8 元则记为_____．

6. 水的警戒水位记为 0 m，正数表示水面高于警戒水位，那么汛期水位高于警戒水位 2 m，记为_____ m；旱季水位低于警戒水位 2.5 m，记为_____ m.

◤ 基础性作业评价

基础性作业评价表			
评价指标	等级		备注
	A	B	C
答题的准确性				A 等：答案正确，过程正确 B 等：答案正确，过程有问题 C 等：答案不正确，过程不完整；答案不正确，过程错误或无过程
答题的规范性				A 等：过程规范，答案正确 B 等：过程不够规范、完整，答案正确 C 等：过程不规范或无过程，答案错误
解法的创新性				A 等：解法有新意和独到之处，答案正确 B 等：解法思路有创新，答案不完整或错误 C 等：常规解法，思路不清楚，过程复杂或无过程
综合评价等级				AAA、AAB 综合评价为 A 等；ABB、BBB、AAC 综合评价为 B 等；其余情况综合评价为 C 等

◤ 基础性作业分析与设计意图

第 1~6 题主要考查学生对正数、0、负数的概念认知，加强学生对正数、负数及其意义的理解，提高学生对负数的认识，培养学生的抽象能力．

拓展性作业

1. 2023 年 10 月 26 日，"神舟十七号"载人飞船发射成功，在飞船上有一种零件的尺寸标准是 300 ± 5（单位：mm），则下列零件尺寸不合格的是（　　）

　　A. 295 mm　　　　B. 298 mm　　　　C. 304 mm　　　　D. 310 mm

2. 锻炼标准规定：13 岁男生每分钟做 22 个仰卧起坐为达标，超过标准的个数用正数表示，不足的个数用负数表示．八位同学的成绩分别记录为：+3，－1，+1，0，－2，+2，+4，－3．这八位同学中达标的有（　　）人．

　　A. 4　　　　　　B. 5　　　　　　C. 6　　　　　　D. 8

3. 已知冰箱的冷冻要求为 －18 ℃ ～ －4 ℃，则下列温度符合要求的是（　　）

　　A. 15 ℃　　　　B. 0 ℃　　　　　C. －4.1 ℃　　　　D. 5 ℃

4. 一袋糖果包装上印有"总质量（500 ± 5）克"的字样，小红拿去称了一下，发现质量为 498 克，则该糖果厂家_____（填"有"或"没有"）欺诈行为．

拓展性作业评价

拓展性作业评价表			
评价指标	等级		备注
	A　B　C		
答题的准确性			A 等：答案正确，过程正确 B 等：答案正确，过程有问题 C 等：答案不正确，过程不完整；答案不正确，过程错误或无过程
答题的规范性			A 等：过程规范，答案正确 B 等：过程不够规范、完整，答案正确 C 等：过程不规范或无过程，答案错误
解法的创新性			A 等：解法有新意和独到之处，答案正确 B 等：解法思路有创新，答案不完整或错误 C 等：常规解法，思路不清楚，过程复杂或无过程
综合评价等级			AAA、AAB 综合评价为 A 等；ABB、BBB、AAC 综合评价为 B 等；其余情况综合评价为 C 等

拓展性作业分析与设计意图

第 1~4 题主要考查正负数的运用及意义，加强学生对正负数概念的理解，培养学生的应用能力．

基础性作业参考答案

1. A　2. C　3. D　4. 零下 3 ℃　5. −8　6. +2　−2.5

拓展性作业参考答案

1. D　2. B　3. C　4. 没有

第二课时　有理数的概念

课时目标

理解有理数的概念．

课时重难点

课时重点：有理数的分类．

课时难点：有理数与正负数的区别与联系．

作业时长

基础性作业 8 分钟，拓展性作业 10 分钟，合计 18 分钟．

作业类型

☑个性化作业　☑分层作业　□开放性作业　□探究性作业
□项目式作业　□跨学科作业　□综合与实践作业

基础性作业

1. 0 是（　　）

　A. 正数但不是整数　　　　　　　　B. 整数但不是有理数

　C. 整数但不是正数　　　　　　　　D. 整数也是分数

2. 在数 0，2，−3，−1.5 中，属于负整数的是（　　）

　A. 0　　　　　　B. 2　　　　　　C. −3　　　　　　D. −1.5

3. 下列各数 $-\dfrac{5}{6}$，+1，6.7，−15，0，$\dfrac{7}{22}$，−1，25% 中，属于分数的

有（　　）

    A. 4 个　　　　　　B. 3 个　　　　　　C. 2 个　　　　　　D. 1 个

4. 把 -3，4，-0.5，$-\dfrac{1}{3}$，0.86，0.8，8.7，0，$-\dfrac{5}{6}$，-7 分别填在相应的大括号里：

  （1）整数集合：{ _____ }；

  （2）负分数集合：{ _____ }.

5. 下列各数 -2.5，0，π，-3.142，$+4$，3 中，有理数有_____个.

基础性作业评价

基础性作业评价表			
评价指标	等级		备注
	A	B	C	

评价指标	A	B	C	备注
答题的准确性				A 等：答案正确，过程正确 B 等：答案正确，过程有问题 C 等：答案不正确，过程不完整；答案不正确，过程错误或无过程
答题的规范性				A 等：过程规范，答案正确 B 等：过程不够规范、完整，答案正确 C 等：过程不规范或无过程，答案错误
解法的创新性				A 等：解法有新意和独到之处，答案正确 B 等：解法思路有创新，答案不完整或错误 C 等：常规解法，思路不清楚，过程复杂或无过程
综合评价等级				AAA、AAB 综合评价为 A 等；ABB、BBB、AAC 综合评价为 B 等；其余情况综合评价为 C 等

基础性作业分析与设计意图

第 1～5 题主要考查学生对有理数概念的理解，加强学生对有理数的判断，培养学生的数据观念.

拓展性作业

1. 下列说法正确的有（　　）

①整数就是正整数和负整数；②零是整数，但不是自然数；③分数包括正分数、负分数；④正数和负数统称为有理数；⑤一个有理数，它不是整数就是分数．

  A. 1 个   B. 2 个   C. 3 个   D. 4 个

2. 下列说法中，错误的是（   ）

  A. -3 是负有理数   B. 0 不是整数

  C. $\frac{1}{3}$ 是正有理数   D. -3.1 是负分数

3. 有理数中，最大的负整数是_____．

4. 有理数中，最小的正整数是_____．

5. 把下列各数分别填入相应的大括号内：

$$-7,\ 3.5,\ -3.141\,5,\ \pi,\ 0,\ \frac{13}{17},\ 0.03,\ -3\frac{1}{2},\ 10,\ -0.23,\ -\frac{6}{3}.$$

（1）整数集合：{_____}；

（2）正分数集合：{_____}；

（3）非正数集合：{_____}；

（4）有理数集合：{_____}．

拓展性作业评价

拓展性作业评价表			
评价指标	等级		备注
	A	B	C	

评价指标	A	B	C	备注
答题的准确性				A 等：答案正确，过程正确 B 等：答案正确，过程有问题 C 等：答案不正确，过程不完整；答案不正确，过程错误或无过程
答题的规范性				A 等：过程规范，答案正确 B 等：过程不够规范、完整，答案正确 C 等：过程不规范或无过程，答案错误
解法的创新性				A 等：解法有新意和独到之处，答案正确 B 等：解法思路有创新，答案不完整或错误 C 等：常规解法，思路不清楚，过程复杂或无过程
综合评价等级				AAA、AAB 综合评价为 A 等；ABB、BBB、AAC 综合评价为 B 等；其余情况综合评价为 C 等

拓展性作业分析与设计意图

第 1~5 题主要考查学生对有理数概念的认识，加强学生对有理数概念的理解，扩大学生对数的认识的范围，培养学生的推理能力.

基础性作业参考答案

1. C　2. C　3. A　4.（1）－3，4，0，－7　（2）－0.5，$-\dfrac{1}{3}$，$-\dfrac{5}{6}$　5. 5

拓展性作业参考答案

1. B　2. B　3. －1　4. 1

5.（1）－7，0，10　（2）3.5，$\dfrac{13}{17}$，0.03

（3）－7，－3.141 5，0，$-3\dfrac{1}{2}$，－0.23，$-\dfrac{6}{3}$

（4）－7，3.5，－3.141 5，0，$\dfrac{13}{17}$，0.03，$-3\dfrac{1}{2}$，10，－0.23，$-\dfrac{6}{3}$

第三课时　数轴

课时目标

理解数轴的概念，会用数轴上的点表示有理数，提升抽象能力.

课时重难点

课时重点：数轴的三要素.

课时难点：数轴上的点与点的距离.

作业时长

基础性作业 8 分钟，拓展性作业 10 分钟，合计 18 分钟.

作业类型

☑个性化作业　☑分层作业　□开放性作业　☑探究性作业

□项目式作业　□跨学科作业　□综合与实践作业

◤ **基础性作业**

1. 下列给出的四条数轴中，正确的是（　　）

A. （数轴：−1 −2 −3 1 2）　　B. （数轴：−1 −2 0 1 2）

C. （数轴：2 1 0 −1 −2）　　D. （数轴：−2 −1 0 1 2）

2. 请在数轴上画出表示下列各数的点：4，-2，-4.5，$-1\frac{1}{3}$，$\frac{1}{2}$，0.

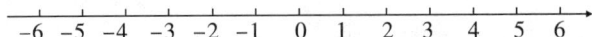

（数轴：−6 −5 −4 −3 −2 −1 0 1 2 3 4 5 6）

3. 如下图，数轴上的点 P 表示的数可能是（　　）

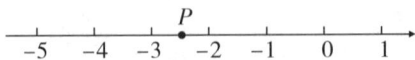

（数轴：−5 −4 −3 −2 −1 0 1，点 P 位于 −3 与 −2 之间）

A. $-\frac{7}{2}$　　　　B. $-\frac{5}{2}$　　　　C. $-\frac{3}{2}$　　　　D. $-\frac{1}{2}$

4. 在数轴上，表示数 -2 的点在原点的_____侧，它到原点的距离是_____个单位长度.

5. 若数轴上的点 A 表示的数是 -2，则与点 A 相距 5 个单位长度的点表示的数（　　）

A. ± 7　　　　B. ± 3　　　　C. 3 或 -7　　　　D. -3 或 7

◤ **基础性作业评价**

基础性作业评价表			
评价指标	等级		备注
	A	B	C	
答题的准确性				A 等：答案正确，过程正确 B 等：答案正确，过程有问题 C 等：答案不正确，过程不完整；答案不正确，过程错误或无过程

（续上表）

<table>
<tr><td colspan="5" align="center">基础性作业评价表</td></tr>
<tr><td rowspan="2">评价指标</td><td colspan="3" align="center">等级</td><td rowspan="2">备注</td></tr>
<tr><td>A</td><td>B</td><td>C</td></tr>
<tr><td rowspan="3">答题的规范性</td><td></td><td></td><td></td><td>A 等：过程规范，答案正确</td></tr>
<tr><td></td><td></td><td></td><td>B 等：过程不够规范、完整，答案正确</td></tr>
<tr><td></td><td></td><td></td><td>C 等：过程不规范或无过程，答案错误</td></tr>
<tr><td rowspan="3">解法的创新性</td><td></td><td></td><td></td><td>A 等：解法有新意和独到之处，答案正确</td></tr>
<tr><td></td><td></td><td></td><td>B 等：解法思路有创新，答案不完整或错误</td></tr>
<tr><td></td><td></td><td></td><td>C 等：常规解法，思路不清楚，过程复杂或无过程</td></tr>
<tr><td>综合评价等级</td><td></td><td></td><td></td><td>AAA、AAB 综合评价为 A 等；ABB、BBB、AAC 综合评价为 B 等；其余情况综合评价为 C 等</td></tr>
</table>

▍基础性作业分析与设计意图

第 1~5 题主要考查学生对数轴的概念的认识，加强学生对数轴上的点和有理数的对应关系的理解，培养学生的几何直观思维．

▍拓展性作业

1. 如右图，数轴的单位长度为 1，如果点 A 表示的数是 -2，那么点 B 表示的数是（　　）

  A. 0   B. 1   C. 2   D. 3

2. 画出数轴，并解答下列问题：

（1）给出下列各数：5，3.5，$-2\dfrac{1}{2}$，1，请将它们在数轴上表示出来；

（2）在（1）的数轴上标出表示 -1 的点 A，写出将点 A 沿数轴平移 4 个单位长度后得到的点对应的数，并在数轴上表示出来．

3. "六一"儿童节到了，小华和同学要表演节目．小华骑车到同学家拿东西，再到学校，她从自己家出发，向东骑了 2 km 到达小花家，继续向东骑了 1.5 km 到达小敏家，然后向西骑了 4.5 km 到达学校．演出结束后又向东骑回到自己家．

（1）以小华家为原点，向东为正方向，用 1 个单位长度表示 1 km，在数轴上分别用点 A 表示小花家，点 B 表示小敏家，点 C 表示学校的位置；

（2）求小花家与学校之间的距离；

（3）如果小华骑车的速度是 300 m/min，那么小华骑车一共用了多长时间？

4. 我们知道有理数和数轴上的点之间有对应关系，这揭示了数与点之间的内在联系，它是"数形结合"的基础.

（1）在数轴上表示 -2 和 4 的两点之间的距离是_____；

（2）在纸上画出一条数轴，分别按下列方式折叠这张纸：

①若 -2 和 4 表示的两点重合，则 2 表示的点与_____表示的点重合；

②若 -5 和 3 表示的两点重合，则 -3 表示的点和_____表示的点重合；

这时如果 A，B 两点之间的距离为 2 024，且 A，B 两点经折叠后重合，求点 A 表示的数.

拓展性作业评价

拓展性作业评价表			
评价指标	等级		备注
	A	B	C	
答题的准确性				A 等：答案正确，过程正确 B 等：答案正确，过程有问题 C 等：答案不正确，过程不完整；答案不正确，过程错误或无过程
答题的规范性				A 等：过程规范，答案正确 B 等：过程不够规范、完整，答案正确 C 等：过程不规范或无过程，答案错误
解法的创新性				A 等：解法有新意和独到之处，答案正确 B 等：解法思路有创新，答案不完整或错误 C 等：常规解法，思路不清楚，过程复杂或无过程
综合评价等级				AAA、AAB 综合评价为 A 等；ABB、BBB、AAC 综合评价为 B 等；其余情况综合评价为 C 等

拓展性作业分析与设计意图

第 1~4 题主要考查学生能否正确地画出数轴并用数轴上的点表示给定的有理数，培养学生的应用意识.

▎基础性作业参考答案

1. D　2.

　　　　3. B　4. 左　2

5. C

▎拓展性作业参考答案

1. C　2. （1）

（2）平移后的点对应的数是 3 或 -5，如（1）中数轴表示

3. （1）

（2）3 km　（3）30 min

4. （1）6　（2）① 0　② 1　-1 013 或 1 011

第四课时　相反数

▎课时目标

理解相反数的概念.

▎课时重难点

课时重点：相反数的意义.

课时难点：a 和 $-a$ 互为相反数，$-a$ 不一定是负数.

▎作业时长

基础性作业 10 分钟，拓展性作业 10 分钟，合计 20 分钟.

▎作业类型

☑个性化作业　☑分层作业　□开放性作业　☑探究性作业
□项目式作业　□跨学科作业　□综合与实践作业

▎基础性作业

1. 如右图，-2 的相反数在数轴上表示为（　）

　　A. 点 A　　　　B. 点 B　　　　C. 点 C　　　　D. 点 D

2. 如右图，数轴上 A，B 两点表示的数互为相反数，且点 A 与点 B 之间的距离为 4 个单位长度，则点 A 表示的数是_____.

3. 下列各式中，化简正确的是（   ）

　　A. $-[+(-7)]=-7$　　　　　　B. $+[-(+7)]=7$

　　C. $-[-(+7)]=7$　　　　　　D. $-[-(-7)]=7$

4. 下面说法正确的有（   ）

①π 的相反数是 -3.14；②符号相反的数互为相反数；③ $-(-3.8)$ 的相反数是 3.8；④一个数和它的相反数不可能相等；⑤正数与负数互为相反数.

　　A. 0 个　　　　　　B. 1 个　　　　　　C. 2 个　　　　　　D. 3 个

5. 在数轴上表示下列各数：0，-2.5，-3，$+5$，$1\dfrac{1}{3}$，4.5 及它们的相反数.

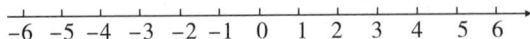

基础性作业评价

基础性作业评价表			
评价指标	等级		备注
	A　B　C		
答题的准确性			A 等：答案正确，过程正确 B 等：答案正确，过程有问题 C 等：答案不正确，过程不完整；答案不正确，过程错误或无过程
答题的规范性			A 等：过程规范，答案正确 B 等：过程不够规范、完整，答案正确 C 等：过程不规范或无过程，答案错误
解法的创新性			A 等：解法有新意和独到之处，答案正确 B 等：解法思路有创新，答案不完整或错误 C 等：常规解法，思路不清楚，过程复杂或无过程
综合评价等级			AAA、AAB 综合评价为 A 等；ABB、BBB、AAC 综合评价为 B 等；其余情况综合评价为 C 等

基础性作业分析与设计意图

第 1～5 题主要考查学生能否借助数轴理解相反数的意义，加强学生对相反数的判断，培养学生的几何直观思维．

拓展性作业

1. －2.5 与它的相反数之间的整数有（　　　）

A. 3 个　　　　　　　B. 4 个　　　　　　　C. 5 个　　　　　　　D. 6 个

2. 化简下列各对数，并指出哪些互为相反数．

（1）＋（＋3）与 －3；　　　　　　（2）－（－2.5）与 ＋（－2.5）；

（3）－$\left(-\dfrac{1}{8}\right)$ 与 ＋$\left(+\dfrac{1}{8}\right)$；　　　　（4）＋［－（＋4）］与 ＋（－4）．

3. 如图所示，已知 A，B，C，D 四点在一条没有标明原点的数轴上．

（1）若点 A 和点 C 表示的数互为相反数，则原点为＿＿＿＿＿；

（2）若点 B 和点 D 表示的数互为相反数，则原点为＿＿＿＿＿；

（3）若点 A 和点 D 表示的数互为相反数，则在数轴上表示出原点 0 的位置．

4. 点 G 在数轴上，若将点 G 先向左移动 4 个单位长度，再向右移动 2 个单位长度，此时点 G 所表示的数是原来点 G 所表示的数的相反数，则原来点 G 表示的是什么数？把你的研究过程在数轴上表示出来并加以说明．

拓展性作业评价

拓展性作业评价表				
评价指标	等级			备注
	A	B	C	
答题的准确性				A 等：答案正确，过程正确 B 等：答案正确，过程有问题 C 等：答案不正确，过程不完整；答案不正确，过程错误或无过程

（续上表）

拓展性作业评价表			
评价指标	等级 A B C		备注
答题的规范性			A 等：过程规范，答案正确
			B 等：过程不够规范、完整，答案正确
			C 等：过程不规范或无过程，答案错误
解法的创新性			A 等：解法有新意和独到之处，答案正确
			B 等：解法思路有创新，答案不完整或错误
			C 等：常规解法，思路不清楚，过程复杂或无过程
综合评价等级			AAA、AAB 综合评价为 A 等；ABB、BBB、AAC 综合评价为 B 等；其余情况综合评价为 C 等

拓展性作业分析与设计意图

第 1～4 题主要考查学生对数轴上表示相反数的两个点关于原点对称的理解，会求任意有理数的相反数，培养学生的抽象能力、推理能力.

基础性作业参考答案

1. C　2. -2　3. C　4. A

5.

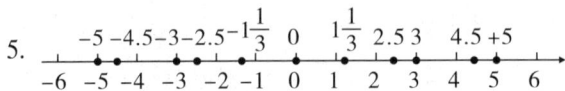

拓展性作业参考答案

1. C　2.（1）3 与 -3，互为相反数　　（2）2.5 与 -2.5，互为相反数

（3）$\frac{1}{8}$ 与 $\frac{1}{8}$　（4）-4 与 -4

3.（1）B　（2）C　（3）

4. 点 G 向左移动 4 个单位长度就到点 A，再向右移动 2 个单位长度就到点 B，而点 B 表示的数与原来点 G 表示的数互为相反数，说明它们中间的点即为原点，所以原来点 G 表示 $+1$

第五课时 绝对值

课时目标

理解绝对值的概念.

课时重难点

课时重点：求一个数的绝对值的具体方法.

课时难点：借助数轴，"距离"是"绝对值"这一代数量的几何表示.

作业时长

基础性作业 8 分钟，拓展性作业 10 分钟，合计 18 分钟.

作业类型

□个性化作业 ☑分层作业 □开放性作业 ☑探究性作业
□项目式作业 □跨学科作业 □综合与实践作业

基础性作业

1. $-\dfrac{2}{5}$ 的绝对值是（　　）

A. $-\dfrac{5}{2}$ 　　　　B. $-\dfrac{2}{5}$ 　　　　C. $\dfrac{5}{2}$ 　　　　D. $\dfrac{2}{5}$

2. $|-3.7|=$ _____；$|0|=$ _____；$-|-3.3|=$ _____；$-|+0.75|=$

_____ .

3. 已知 a，b，c 为有理数，且它们在数轴上的位置如下图所示.

（1）试判断 a，b，c 的正负性；

（2）在数轴上标出 a，b，c 相反数的位置；

（3）若 $|a|=5$，$|b|=2.5$，$|c|=7.5$，求 a，b，c 的值.

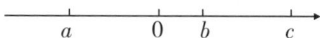

4. 有如下四种说法：①互为相反数的两个数绝对值相等；②绝对值等于本身的数只有正数；③不相等的两个数绝对值不相等；④绝对值相等的两个数一定相等.其中正确的有（　　）

A. 0 个 　　　　B. 1 个 　　　　C. 2 个 　　　　D. 3 个

5. 若 $|a| = a$，则数 a 在数轴上的对应点一定在（　　）

    A. 原点的左侧　　　　　　　　　　B. 原点或原点左侧

    C. 原点右侧　　　　　　　　　　　D. 原点或原点右侧

◤ **基础性作业评价**

基础性作业评价表			
评价指标	等级		备注
	A　B　C		
答题的准确性			A 等：答案正确，过程正确 B 等：答案正确，过程有问题 C 等：答案不正确，过程不完整；答案不正确，过程错误或无过程
答题的规范性			A 等：过程规范，答案正确 B 等：过程不够规范、完整，答案正确 C 等：过程不规范或无过程，答案错误
解法的创新性			A 等：解法有新意和独到之处，答案正确 B 等：解法思路有创新，答案不完整或错误 C 等：常规解法，思路不清楚，过程复杂或无过程
综合评价等级			AAA、AAB 综合评价为 A 等；ABB、BBB、AAC 综合评价为 B 等；其余情况综合评价为 C 等

◤ **基础性作业分析与设计意图**

    第 1~5 题主要考查学生对绝对值概念及其几何意义的理解，加强学生从数、形两个方面来理解绝对值的意义的能力，培养学生的抽象能力、几何直观思维.

◤ **拓展性作业**

1. 若 $|-x| = |-5|$，则 $x =$ _____ .

2. 绝对值相等的两个数在数轴上对应的两个点间的距离是 8，则这两个数分别是（　　）

    A. 8 和 -8　　　　　B. 0 和 -8　　　　　C. 0 和 8　　　　　D. -4 和 4

3. 计算：

（1）$|-8|+|-4|$；

（2）$-(-3.5)-|-\frac{1}{2}|$；

（3）$|-2\frac{4}{7}|+|-6\frac{3}{7}|$.

4. 如右图，四个有理数 m，n，p，q 在
数轴上对应的点分别为 M，N，P，Q，若 n 与 q 互为相反数，则 m，n，p，q
四个有理数中，绝对值最小的是_____.

5.（1）对于式子 $|a|+12$，当 a 等于什么值时，它的值最小？最小值是
多少？

（2）对于式子 $12-|a|$，当 a 等于什么值时，它的值最大？最大值是
多少？

拓展性作业评价

拓展性作业评价表			
评价指标	等级		备注
	A	B	C	

评价指标	等级 A	等级 B	等级 C	备注
答题的准确性				A 等：答案正确，过程正确 B 等：答案正确，过程有问题 C 等：答案不正确，过程不完整；答案不正确，过程错误或无过程
答题的规范性				A 等：过程规范，答案正确 B 等：过程不够规范、完整，答案正确 C 等：过程不规范或无过程，答案错误
解法的创新性				A 等：解法有新意和独到之处，答案正确 B 等：解法思路有创新，答案不完整或错误 C 等：常规解法，思路不清楚，过程复杂或无过程
综合评价等级				AAA、AAB 综合评价为 A 等；ABB、BBB、AAC 综合评价为 B 等；其余情况综合评价为 C 等

拓展性作业分析与设计意图

第 1~5 题主要考查一个数的绝对值的求取，知道一个数的绝对值，会求

这个数，培养学生的运算能力.

▌基础性作业参考答案

1. D   2. 3. 7   0 -3.3 -0.75

3. (1) $a < 0$, $b > 0$, $c > 0$ (2)   (3) $a = -5$, $b = 2.5$, $c = 7.5$ 4. B   5. D

▌拓展性作业参考答案

1. ± 5 2. D   3. (1) 12   (2) 3   (3) 9   4. m

5. (1) 当 a 等于 0 时，$|a| + 12$ 的值最小，最小值是 12

(2) 当 a 等于 0 时，$12 - |a|$ 的值最大，最大值是 12

第六课时　有理数的大小比较

▌课时目标

能比较有理数的大小，体会几何直观，感受代数推理.

▌课时重难点

课时重点：利用数轴比较有理数大小.

课时难点：比较两个负数的大小.

▌作业时长

基础性作业 8 分钟，拓展性作业 12 分钟，合计 20 分钟.

▌作业类型

□个性化作业　☑分层作业　□开放性作业　☑探究性作业

□项目式作业　□跨学科作业　□综合与实践作业

▌基础性作业

1. 有理数 a，b，c 在数轴上的对应点的位置如右图所示，则 a，b，c 的大小顺序是（　　）

　　A. $a < b < c$　　　　B. $a < c < b$　　　　C. $b < a < c$　　　　D. $c < b < a$

2. 下列各数中，最大的负数是（　　）

A. $-\dfrac{1}{3}$ 　　　　B. $-\dfrac{1}{2}$ 　　　　C. -5 　　　　D. -3

3. 如右图，数轴上有 A，B，C，D 四个点，其中绝对值最小的数对应的点是（　　）

A. 点 A 　　　　B. 点 B 　　　　C. 点 C 　　　　D. 点 D

4. 比 -4.1 大的负整数有（　　）

A.3 个 　　　　B.4 个 　　　　C.5 个 　　　　D.6 个

5. 下列大小比较正确的是（　　）

A. $-2 < -2\dfrac{1}{2} < \dfrac{2}{3}$ 　　　　　　　　B. $-2\dfrac{1}{2} < -2 < \dfrac{2}{3}$

C. $\dfrac{2}{3} < -2 < -2\dfrac{1}{2}$ 　　　　　　　　D. $\dfrac{2}{3} < -2\dfrac{1}{2} < -2$

基础性作业评价

基础性作业评价表				
评价指标	等级			备注
	A	B	C	
答题的准确性				A 等：答案正确，过程正确
				B 等：答案正确，过程有问题
				C 等：答案不正确，过程不完整；答案不正确，过程错误或无过程
答题的规范性				A 等：过程规范，答案正确
				B 等：过程不够规范、完整，答案正确
				C 等：过程不规范或无过程，答案错误
解法的创新性				A 等：解法有新意和独到之处，答案正确
				B 等：解法思路有创新，答案不完整或错误
				C 等：常规解法，思路不清楚，过程复杂或无过程
综合评价等级				AAA、AAB 综合评价为 A 等；ABB、BBB、AAC 综合评价为 B 等；其余情况综合评价为 C 等

基础性作业分析与设计意图

第1~5题主要考查学生对有理数大小的比较法则的掌握，培养学生的推理能力、几何直观思维.

拓展性作业

1. 比较下列各对数的大小：

(1) $-(-5)$ 与 $-(+6)$；　(2) $-\dfrac{2}{3}$ 与 $-\dfrac{3}{4}$；

(3) $-(-7)$ 与 $|-3|$；　　(4) $+\left(-\dfrac{4}{5}\right)$ 与 $-\left|-\dfrac{3}{4}\right|$；

(5) -3.3 与 $-3\dfrac{1}{3}$；　　(6) $-\left(-\dfrac{1}{9}\right)$ 和 $-\left|-\dfrac{1}{10}\right|$.

2. 在数轴上表示出下列各数，并用"$<$"连接起来.

$-2\dfrac{1}{2}$，0，-1，$-(-2)$，$\left|-3\dfrac{1}{2}\right|$.

3. 已知有理数 a，b 在数轴上的位置如右图所示，则 a，$-b$，$-a$，b 从大到小的顺序为（　　）

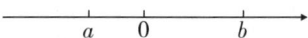

A. $b > -a > -b > a$　　　　　B. $-a > -b > b > a$

C. $b > -a > a > -b$　　　　　D. $-a > -b > a > b$

4. 如右图所示，数轴上的点 A，B，C，D，E 表示的数分别为 -4，-2.5，-1，0.5，2，回答下列问题.

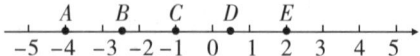

(1) 将点 A，B，C，D，E 表示的数用"$<$"连接起来.

(2) 若将原点改在点 C，则点 A，B，C，D，E 所表示的数分别为多少？将这些数也用"$<$"连接起来.

(3) 改变原点位置后，点 A，B，C，D，E 所表示的数的大小排列顺序改变了吗？这说明了关于数轴的什么性质？

5. 若 $|a| = -a$，$|b| = b$，$|c| = -c$，$|d| = -d$ 且它们都不为零，还满足 $|a| > |b| > |c| > |d|$. 请把 a，b，c，d 这四个数的大致位置在数轴上表示出来，并把 a，$-a$，b，$-b$，c，$-c$，d，$-d$ 这八个数按从小到大的顺序排列（用"$<$"连接）.

拓展性作业评价

评价指标	等级			备注
	A	B	C	
答题的准确性				A 等：答案正确，过程正确
				B 等：答案正确，过程有问题
				C 等：答案不正确，过程不完整；答案不正确，过程错误或无过程
答题的规范性				A 等：过程规范，答案正确
				B 等：过程不够规范、完整，答案正确
				C 等：过程不规范或无过程，答案错误
解法的创新性				A 等：解法有新意和独到之处，答案正确
				B 等：解法思路有创新，答案不完整或错误
				C 等：常规解法，思路不清楚，过程复杂或无过程
综合评价等级				AAA、AAB 综合评价为 A 等；ABB、BBB、AAC 综合评价为 B 等；其余情况综合评价为 C 等

拓展性作业评价表

拓展性作业分析与设计意图

第 1~5 题主要考查有理数大小的比较，要求学生能正确地使用"＞"或"＜"连接有理数，加强对数轴工具的运用，体会有理数大小关系的传递性，培养学生的抽象能力、推理能力．

基础性作业参考答案

1. D　2. A　3. B　4. B　5. B

拓展性作业参考答案

1. （1）$-(-5) > -(+6)$　　（2）$-\dfrac{2}{3} > -\dfrac{3}{4}$

（3）$-(-7) > |-3|$　　（4）$+\left(-\dfrac{4}{5}\right) < -\left|-\dfrac{3}{4}\right|$

（5）$-3.3 > -3\dfrac{1}{3}$　　（6）$-\left(-\dfrac{1}{9}\right) > -\left|-\dfrac{1}{10}\right|$

2. ，$-2\dfrac{1}{2} < -1 < 0 < -(-2) < \left| -3\dfrac{1}{2} \right|$

3. C

4. （1）$-4 < -2.5 < -1 < 0.5 < 2$　（2）点 A，B，C，D，E 所表示的数分别为 -3，-1.5，0，1.5，3，将这些数用"$<$"连接起来为 $-3 < -1.5 < 0 < 1.5 < 3$　（3）改变原点位置后，点 A，B，C，D，E 所表示的数的大小排列顺序未改变，说明数轴上表示的数，右边的数总比左边的数大

5. ，$a < -b < c < d < -d < -c < b < -a$

单元学业水平质量检测作业

（时间：45 分钟；满分：100 分）

一、选择题（共 6 题，每小题 6 分，共 36 分）

1. 某运动项目的比赛规定，胜一场记作"+1"分，平局记作"0"分，如果某队得到"-1"分，那么该队在比赛中（   ）

  A. 与对手打成平局　　　　　　B. 输给了对手

  C. 打赢了对手　　　　　　　　D. 无法确定

2. 在数 0，4，-3，-1.5 中，属于负整数的是（   ）

  A. 0　　　　　B. 4　　　　　C. -3　　　　　D. -1.5

3. $-\left|\dfrac{1}{2\,024}\right|$ 的相反数是（   ）

  A. 2 024　　　　B. -2 024　　　　C. $-\dfrac{1}{2\,024}$　　　　D. $\dfrac{1}{2\,024}$

4. 下列各数中，绝对值最小的数是（   ）

  A. -2.7　　　　B. -2　　　　C. 7　　　　D. 0

5. 若 $|a|=5$，则 a 的值为（   ）

  A. 5　　　　B. -5　　　　C. ±5　　　　D. 不能确定

6. 某天哈尔滨、北京、南京、海南四地最低气温分别为 -21 ℃，-6 ℃，0 ℃，11 ℃，其中最低的气温是（   ）

  A. 哈尔滨　　　　B. 北京　　　　C. 南京　　　　D. 海南

二、填空题（共 4 题，每小题 6 分，共 24 分）

7. 检查 5 个足球的质量（单位：克），把超过标准质量的克数记为正数，低于标准质量的克数记为负数，数据统计结果如下表：

足球编号	1	2	3	4	5
与标准质量的差（克）	+5	+7	-3	-9	+9

则最接近标准质量的是＿＿＿＿号足球（只填写编号）．

8. 一袋大米的包装袋上标示的质量是（30±0.2）kg，由此可知符合标准的一袋大米质量最小不能低于＿＿＿＿kg.

9. 点 A 为数轴上表示 -2 的点，当点 A 沿数轴移动 4 个单位长度到点 B

时，点 B 所表示的数是_____．

10. 如右图，将一刻度尺放在数轴上（数轴的单位长度是 1 cm），刻度尺上"1 cm"和"8 cm"分别对应数轴上的 -2 和 x，那么 x 的值为_____．

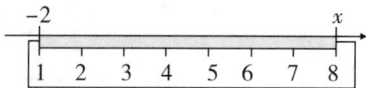

三、解答题（共 5 题，每小题 8 分，共 40 分）

11. 把下列各数分别填入相应的集合里：

$$-23, \ -\left|-\frac{4}{3}\right|, \ 0, \ \frac{22}{7}, \ -(-3.14), \ 2\,024, \ -(+5), \ +1.88.$$

（1）整数集合：{ _____ }；

（2）正数集合：{ _____ }；

（3）非负有理数集合：{ _____ }．

12. 已知有理数 a，b，其中 a 在如右图所示的数轴上的对应点是 M，b 是负数，且 b 在数轴上对应的点与原点的距离为 3.5.

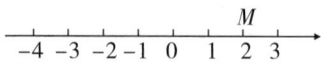

（1）$a = $ _____，$b = $ _____；

（2）写出大于 b 的所有负整数；

（3）在数轴上标出表示 $-\frac{1}{2}$，0，-2，b 的点，并用"<"连接起来．

13. 已知在纸面上有一数轴（如右图），折叠纸面．

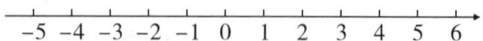

（1）若 1 表示的点与 -1 表示的点重合，则 -2 表示的点与何数表示的点重合？

（2）若 -1 表示的点与 5 表示的点重合，则 0 表示的点与何数表示的点重合？

（3）若 -1 表示的点与 5 表示的点之间的线段折叠 2 次，展开后，请写出所有的折点表示的数．

14. 在数轴上：一只蚂蚁从原点出发，它先向右爬了 4 个单位长度到达点 A，再向右爬了 2 个单位长度到达点 B，然后又向左爬了 10 个单位长度到达点 C．

（1）画出数轴，标出 A，B，C 三点在数轴上的位置，并写出 A，B，C 三点表示的数．

（2）根据点 C 在数轴上的位置，点 C 可以看作蚂蚁从原点出发，向哪个方向爬了几个单位长度？

（3）若蚂蚁从点 D 出发，先向右爬了 7 个单位长度，再向左爬了 4 个单位长度，此时它恰好回到了原点，求点 D 表示的数．

15. 结合右图，用数轴与绝对值的知识回答下列问题：

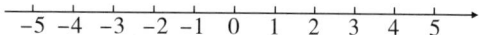

$$\begin{array}{ccccccccccc} -5 & -4 & -3 & -2 & -1 & 0 & 1 & 2 & 3 & 4 & 5 \end{array}$$

（1）数轴上表示 4 和 1 两点之间的距离是_____；表示 -3 和 2 两点之间的距离是_____．一般地，数轴上表示数 m 和数 n 两点之间的距离等于 $|m-n|$．如果表示数 a 和 -1 两点之间的距离是 3，那么 $a=$_____．

（2）若数轴上表示数 a 的点位于 -4 与 2 之间，则 $|a+4|+|a-2|$ 的值为_____．

（3）利用数轴找出所有符合条件的整数点 x，使得 $|x+2|+|x-5|=7$，这些点表示的数是_____．

（4）当 $a=$_____时，$|a+3|+|a-1|+|a-4|$ 的值最小，最小值是_____．

单元学业水平质量检测作业参考答案

一、选择题（共6题，每小题6分，共36分）

1. B　2. C　3. D　4. D　5. C　6. A

二、填空题（共4题，每小题6分，共24分）

7. 3　8. 29.8　9. 2 或 -6　10. 5

三、解答题（共5题，每小题8分，共40分）

11.（1）-23，0，2 024，-（+5）

（2）$\dfrac{22}{7}$，-（-3.14），2 024，+1.88

（3）0，$\dfrac{22}{7}$，-（-3.14），2 024，+1.88

12.（1）2　-3.5

（2）大于 b 的所有负整数为 -3，-2，-1.

（3），$-3.5 < -2 < -\dfrac{1}{2} < 0$.

13.（1）若1表示的点与 -1 表示的点重合，则 -2 表示的点与2表示的点重合.

（2）若 -1 表示的点与5表示的点重合，则0表示的点与4表示的点重合.

（3）若 -1 表示的点与5表示的点之间的线段折叠2次，展开后，所有的折点表示的数为 0.5，2，3.5.

14.（1），

点 A 表示的数是4，点 B 表示的数是6，点 C 表示的数是 -4.

（2）点 C 可以看作蚂蚁从原点出发向左爬行了4个单位长度.

（3）点 D 可以看作原点表示的数向右移动4个单位长度，再向左移动7个单位长度得到的数，所以点 D 表示的数为 -3.

15.（1）3　5　-4 或2　（2）6　（3）-2，-1，0，1，2，3，4，5

（4）1　7

有理数的运算

一、单元教材分析

"有理数的运算"是"数与代数"领域中"数与式"主题的重要内容之一，是后续学习实数、代数式、方程、不等式、函数等内容的重要基础．本单元在上一单元将数的范围从非负有理数扩大到有理数的基础上，充分利用小学时学习非负有理数运算的经验，采用特殊到一般的方法，研究有理数的运算，重点将非负有理数的加、减、乘、除四则运算扩充到有理数范围内，从中体现数系（域）扩充的过程与方法．学习有理数的运算有助于学生提升运算能力、抽象能力和推理能力，发展几何直观思维．

二、单元学习与作业目标

（一）单元学习目标

（1）经历有理数的加、减、乘、除等运算法则的探究过程，理解有理数的加、减、乘、除等运算法则，提升抽象能力．

（2）经历有理数的运算律的探究过程，理解有理数的运算律，提升抽象能力．

（3）理解有理数的乘方的意义．

（4）掌握有理数的加、减、乘、除、乘方及简单的混合运算，理解运算方法与运算律的关系，能运用运算律简化运算，提升运算能力．

（5）能运用有理数的运算解决简单问题．

（二）单元作业目标

1. 第一课时"有理数的加法"作业目标

学生通过作业练习掌握有理数的加法法则，进一步理解有理数的加法法则，发展抽象能力，提升运算能力．

2. 第二课时"有理数的加法运算律"作业目标

学生通过作业练习理解有理数的加法运算律，发展抽象能力，运用加法运算律简化有理数的加法运算，提升运算能力．

3. 第三课时"有理数的减法"作业目标

学生通过作业练习理解有理数的减法法则，渗透转化思想，培养运算能力．

4. 第四课时"有理数的加减混合运算"作业目标

学生通过作业练习理解将有理数的加减混合运算统一为加法的意义，运用加法运算律简化运算，提高运算能力．

5. 第五课时"有理数的乘法"作业目标

学生通过作业练习理解有理数的乘法法则，发展抽象能力，掌握有理数的乘法运算，提高运算能力．

6. 第六课时"有理数的乘法运算律"作业目标

学生通过作业练习理解有理数的乘法运算律，发展抽象能力，掌握有理数的乘法运算律，提高运算能力．

7. 第七课时"有理数的除法"作业目标

学生通过作业练习理解有理数的除法法则，发展抽象能力，掌握有理数的除法运算，提高运算能力．

8. 第八课时"有理数的乘除混合运算"作业目标

学生通过作业练习理解有理数的乘除混合运算，发展抽象能力，掌握有理数的乘除混合运算，提高运算能力．

9. 第九课时"有理数的乘方"作业目标

学生通过作业练习理解并掌握有理数的乘方、幂、底数、指数的概念及意义，能够正确进行有理数的乘方运算，在生动的情景中感受转化的数学思想，培养探究能力与动手操作能力．

10. 第十课时"有理数的混合运算"作业目标

学生通过作业练习掌握有理数加、减、乘、除、乘方混合运算的运算顺序，提高观察和总结能力，发展抽象能力，提高运算能力．

11. 第十一课时"科学记数法"作业目标

学生通过作业练习理解科学记数法的意义，会用科学记数法表示较大的数，能正确使用科学记数法表示绝对值较大的数，并能对一个用科学记数法写出的数进行还原．

12. 第十二课时"近似数"作业目标

学生通过作业练习理解近似数的意义，能按照精确度的要求，用四舍五入法求出近似数．

三、单元课时作业

第一课时　有理数的加法

◤ 课时目标

学生通过作业练习掌握有理数的加法法则，进一步理解有理数的加法法则，发展抽象能力，提升运算能力．

◤ 课时重难点

课时重点：有理数的加法法则．

课时难点：分情况讨论有理数的加法法则之思路的建立，异号两数相加的法则．

◤ 作业时长

基础性作业 10 分钟，拓展性作业 8 分钟，合计 18 分钟．

◤ 作业类型

☑个性化作业　☑分层作业　□开放性作业　□探究性作业
□项目式作业　□跨学科作业　□综合与实践作业

◤ 基础性作业

1. 计算 $(-2)+0$ 的结果是（　　　）

　A. 2　　　　　　B. -2　　　　　　C. 1　　　　　　D. 0

2. 计算 $-\dfrac{2}{7}+\left(-\dfrac{5}{7}\right)$ 的正确结果是（　　　）

　A. $\dfrac{3}{7}$　　　　　B. $-\dfrac{3}{7}$　　　　　C. 1　　　　　D. -1

3. 已知室外温度为 $-3\ ℃$，室内温度比室外温度高 $9\ ℃$，则室内温度为

_____．

4. 一个潜水员从水面潜入水下 60 米，然后又上升 31 米，此时潜水员的位置是_____．

5. 计算:

(1) $12 + (-4)$;

(2) $\left(+3\frac{1}{4} \right) + (-2.5)$;

(3) $(-0.25) + \left(+\frac{1}{4} \right)$;

(4) $-4.5 + (-3.5)$.

基础性作业评价

基础性作业评价表				
评价指标	等级			备注
	A	B	C	
答题的准确性				A 等:答案正确,过程正确 B 等:答案正确,过程有问题 C 等:答案不正确,过程不完整;答案不正确,过程错误或无过程
答题的规范性				A 等:过程规范,答案正确 B 等:过程不够规范、完整,答案正确 C 等:过程不规范或无过程,答案错误
解法的创新性				A 等:解法有新意和独到之处,答案正确 B 等:解法思路有创新,答案不完整或错误 C 等:常规解法,思路不清楚,过程复杂或无过程
综合评价等级				AAA、AAB 综合评价为 A 等;ABB、BBB、AAC 综合评价为 B 等;其余情况综合评价为 C 等

基础性作业分析与设计意图

第 1、2、5 题主要考查学生对有理数加法法则的运用,加强学生对有理数加法法则的理解.

第 3~4 题主要考查学生对有理数加法法则的运用,发展学生的抽象能力,提升学生的运算能力.

拓展性作业

1. 若 $-2 + \square = 1$,则"$\square$"表示的数为_____.

2. 计算:$\left(-3\frac{1}{2} \right) + \left(+4\frac{1}{3} \right) = $_____.

3. 如右图，在一条不完整的数轴上从左到右有三点 A，B，C，分别表示三个不同的有理数，其中点 A 表示的数为 -6，点 A 向右移动 3 个单位长度后到点 B，点 B 向右移动 7 个单位长度后到点 C，请问点 B，C 表示的数分别是什么？

拓展性作业评价

拓展性作业评价表			
评价指标	等级		备注
	A	B	C	

评价指标	A	B	C	备注
答题的准确性				A 等：答案正确，过程正确 B 等：答案正确，过程有问题 C 等：答案不正确，过程不完整；答案不正确，过程错误或无过程
答题的规范性				A 等：过程规范，答案正确 B 等：过程不够规范、完整，答案正确 C 等：过程不规范或无过程，答案错误
解法的创新性				A 等：解法有新意和独到之处，答案正确 B 等：解法思路有创新，答案不完整或错误 C 等：常规解法，思路不清楚，过程复杂或无过程
综合评价等级				AAA、AAB 综合评价为 A 等；ABB、BBB、AAC 综合评价为 B 等；其余情况综合评价为 C 等

拓展性作业分析与设计意图

第 1 题主要考查有理数加法法则，加强学生对有理数加法法则的理解．

第 2 题主要考查有理数加法法则，增加计算难度，提高学生的运算能力．

第 3 题主要考查学生对有理数加法法则的运用，发展学生的抽象能力，提升学生的运算能力．

基础性作业参考答案

1. B　2. D　3. 6 ℃　4. -29 米　5. （1）8　（2）$\dfrac{3}{4}$　（3）0　（4）-8

▰ **拓展性作业参考答案**

1. 3　2. $\dfrac{5}{6}$　3. 点 B 表示的数为 -3，点 C 表示的数为 4

第二课时　有理数的加法运算律

▰ **课时目标**

学生通过作业练习理解有理数的加法运算律，发展抽象能力，运用加法运算律简化有理数的加法运算，提升运算能力.

▰ **课时重难点**

课时重点：有理数的加法运算律.

课时难点：运用加法运算律简化有理数的加法运算.

▰ **作业时长**

基础性作业 10 分钟，拓展性作业 10 分钟，合计 20 分钟.

▰ **作业类型**

☑个性化作业　☑分层作业　□开放性作业　□探究性作业
□项目式作业　□跨学科作业　□综合与实践作业

▰ **基础性作业**

1. 某工地记录了仓库水泥的进货和出货数量，某天进货 3 吨，出货 4 吨，进货 5 吨，记进货为正，出货为负，下列算式能表示当天库存变化的是（　　）

　　A.（+3）+（+4）+（-5）　　　B.（-3）+（+4）+（+5）
　　C.（-3）+（-4）+（-5）　　　D.（+3）+（-4）+（+5）

2. 计算（-3）+（-4）+5+5 的结果等于（　　）

　　A. 3　　　　　　B. -3　　　　　　C. -2　　　　　　D. 2

3. 某市冬季中的一天，凌晨 5 时的气温是 -8 ℃，经过 2 小时，气温上升了 4 ℃，再过 2 小时，气温上升了 5 ℃，则此时的气温是_____℃.

4. 计算：

（1）（-4）+（+8）+（-3）+（-2）；

（2）$5+\left(-\dfrac{4}{5}\right)+1\dfrac{4}{5}+2$.

5. 某交警大队的一辆警车沿着一条南北方向的公路巡视，某天早晨从 A 地出发，中午到达 B 地，约定向北为正方向，当天行驶记录如下：+8，−9，+7，−12（单位：千米）.

问：B 地在 A 地的什么方向上？距 A 地多远？

◤ 基础性作业评价

评价指标	等级			备注
	A	B	C	
答题的准确性				A 等：答案正确，过程正确 B 等：答案正确，过程有问题 C 等：答案不正确，过程不完整；答案不正确，过程错误或无过程
答题的规范性				A 等：过程规范，答案正确 B 等：过程不够规范、完整，答案正确 C 等：过程不规范或无过程，答案错误
解法的创新性				A 等：解法有新意和独到之处，答案正确 B 等：解法思路有创新，答案不完整或错误 C 等：常规解法，思路不清楚，过程复杂或无过程
综合评价等级				AAA、AAB 综合评价为 A 等；ABB、BBB、AAC 综合评价为 B 等；其余情况综合评价为 C 等

基础性作业评价表

◤ 基础性作业分析与设计意图

第 1~4 题主要考查有理数的加法运算律，检测学生对有理数的加法法则、减法法则的掌握情况.

第 5 题主要考查学生对有理数加减混合运算的掌握情况，提高学生的运算能力.

◤ 拓展性作业

1. 计算：$1 + (−2) + (−3) + 4 + 5 + (−6) + (−7) + 8 = $ _____.

2. 已知 a 是最小的正整数，b 的相反数还是它本身，c 是最大的负整数.

（1）$a = $ _____，$b = $ _____，$c = $ _____.

（2）求 $a+b+c$ 的值．

3. 某检修小组从 A 地出发，在东西向的马路上检修线路，如果规定向东行驶为正，向西行驶为负，一天中七次行驶纪录如下（单位：千米）．

第一次	第二次	第三次	第四次	第五次	第六次	第七次
−4	+7	−9	+8	+6	−5	−2

（1）求收工时距 A 地多远？

（2）在第_____次纪录时距 A 地最远．

（3）若每千米耗油 0.3 升，当天共耗油多少升？

拓展性作业评价

拓展性作业评价表				
评价指标	等级			备注
	A	B	C	
答题的准确性				A 等：答案正确，过程正确 B 等：答案正确，过程有问题 C 等：答案不正确，过程不完整；答案不正确，过程错误或无过程
答题的规范性				A 等：过程规范，答案正确 B 等：过程不够规范、完整，答案正确 C 等：过程不规范或无过程，答案错误
解法的创新性				A 等：解法有新意和独到之处，答案正确 B 等：解法思路有创新，答案不完整或错误 C 等：常规解法，思路不清楚，过程复杂或无过程
综合评价等级				AAA、AAB 综合评价为 A 等；ABB、BBB、AAC 综合评价为 B 等；其余情况综合评价为 C 等

拓展性作业分析与设计意图

第 1 题主要考查有理数加法运算律，加强学生对有理数加法运算律的理解．

第 2 题主要考查学生对有理数和有理数加法法则的理解．

第 3 题主要考查学生对有理数加法运算律的运用，发展学生的抽象能力，提升学生的运算能力．

基础性作业参考答案

1. D 2. A 3. 1

4. （1）－1 （2）8 5. B 地在 A 地的正南方向上，距离 A 地有 6 千米

拓展性作业参考答案

1. 0 2. （1）1 0 －1 （2）0

3. （1）1 千米 （2）五 （3）12.3 升

第三课时 有理数的减法

课时目标

学生通过作业练习理解有理数的减法法则，渗透转化思想，培养运算能力.

课时重难点

课时重点：有理数的减法运算律.

课时难点：运用减法运算律进行有理数的减法运算.

作业时长

基础性作业 8 分钟，拓展性作业 7 分钟，合计 15 分钟.

作业类型

☑个性化作业 ☑分层作业 □开放性作业 ☑探究性作业
□项目式作业 □跨学科作业 □综合与实践作业

基础性作业

1. 计算 （－5）－（－3）的结果等于（　　　）

　　A. －8　　　　　　B. 8　　　　　　C. －2　　　　　　D. 2

2. 某天最高气温是 5 ℃，最低气温是 －3 ℃，那么这天的日温差是（　　　）

　　A. 2 ℃　　　　　　B. 3 ℃　　　　　　C. 5 ℃　　　　　　D. 8 ℃

3. 计算：0 －（－3）＝ ＿＿＿＿＿．

4. 计算：

　　（1）（－30）－（－85）；　　　　　　（2）（－3.5）－1.5．

5. 已知甲地海拔是 300 米，乙地海拔是 －200 米，丙地比甲地低 50 米，

丁地比乙地高 50 米，试问：

（1）丙地海拔为多少？丁地海拔为多少？

（2）最高处比最低处高多少米？

基础性作业评价

基础性作业评价表				
评价指标	等级			备注
	A	B	C	
答题的准确性				A 等：答案正确，过程正确 B 等：答案正确，过程有问题 C 等：答案不正确，过程不完整；答案不正确，过程错误或无过程
答题的规范性				A 等：过程规范，答案正确 B 等：过程不够规范、完整，答案正确 C 等：过程不规范或无过程，答案错误
解法的创新性				A 等：解法有新意和独到之处，答案正确 B 等：解法思路有创新，答案不完整或错误 C 等：常规解法，思路不清楚，过程复杂或无过程
综合评价等级				AAA、AAB 综合评价为 A 等；ABB、BBB、AAC 综合评价为 B 等；其余情况综合评价为 C 等

基础性作业分析与设计意图

第 1~4 题主要考查有理数的减法法则，提高学生的运算能力．

第 5 题主要考查学生对有理数减法法则的掌握情况，要求学生能运用法则解决实际问题，加深学生对有理数减法法则的理解，提高学生的运算能力．

拓展性作业

1. 以下是 2024 年 2 月 10 日春节这天 4 个城市一天的温度范围，温差最小的城市是（　　）

　　A. 哈尔滨 −16 ℃ ~ −3 ℃　　　　　B. 沈阳 −13 ℃ ~1 ℃

　　C. 呼和浩特 −6 ℃ ~5 ℃　　　　　D. 银川 −6 ℃ ~10 ℃

2. 已知 $|a| = 4$，$|b| = 3$.

（1）当 a，b 异号时，求 $a + b$ 的值；

（2）当 a，b 同号时，求 $a - b$ 的值.

3. 某港口连续4天每天的最高水位与最低水位记录如下表所示（取港口的警戒水位作为0点），哪一天水位差最大？哪一天水位差最小？

	第1天	第2天	第3天	第4天
最高水位（m）	−0.1	0.4	0.8	0.2
最低水位（m）	−0.5	−0.3	−2.6	−1.7

拓展性作业评价

拓展性作业评价表			
评价指标	等级		备注
	A	B	C	

评价指标	A	B	C	备注
答题的准确性				A 等：答案正确，过程正确 B 等：答案正确，过程有问题 C 等：答案不正确，过程不完整；答案不正确，过程错误或无过程
答题的规范性				A 等：过程规范，答案正确 B 等：过程不够规范、完整，答案正确 C 等：过程不规范或无过程，答案错误
解法的创新性				A 等：解法有新意和独到之处，答案正确 B 等：解法思路有创新，答案不完整或错误 C 等：常规解法，思路不清楚，过程复杂或无过程
综合评价等级				AAA、AAB 综合评价为 A 等；ABB、BBB、AAC 综合评价为 B 等；其余情况综合评价为 C 等

拓展性作业分析与设计意图

第1题主要考查学生对有理数减法法则的运用，加深学生对有理数减法法则的理解.

第2题主要考查分类讨论的数学思想，加强学生对有理数减法法则的理解.

第3题主要考查学生对有理数减法法则的运用，发展学生的抽象能力，提升学生的运算能力.

基础性作业参考答案

1. C　2. D　3. 3　4.（1）55　　（2）–5

5.（1）丙地海拔为 250 米, 丁地海拔为 –150 米　　（2）500 米

拓展性作业参考答案

1. C　2.（1）–1 或 1　　（2）–1 或 1

3. 第 3 天的水位差最大, 第 1 天的水位差最小

第四课时　有理数的加减混合运算

课时目标

学生通过作业练习理解将有理数的加减混合运算统一为加法的意义, 运用加法运算律简化运算, 提高运算能力.

课时重难点

课时重点：能把加减混合运算统一转化成加法运算, 并用加法的运算律合理地进行计算.

课时难点：根据运算法则, 简化有理数的加减混合运算.

作业时长

基础性作业 8 分钟, 拓展性作业 10 分钟, 合计 18 分钟.

作业类型

☑个性化作业　☑分层作业　□开放性作业　☑探究性作业

□项目式作业　□跨学科作业　□综合与实践作业

基础性作业

1. 把 –（–3）–4 +（–5）写成省略括号的代数和的形式, 正确的是
（　　）

　　A. 3 – 4 – 5　　　　B. –3 – 4 – 5　　　C. 3 – 4 + 5　　　D. –3 – 4 + 5

2. 某地一天中午 12 时的气温为 4 ℃, 14 时的气温升高了 2 ℃, 到晚上 22 时气温又降低了 7 ℃, 则 22 时的气温为（　　）

　　A. 6 ℃　　　　　　B. –3 ℃　　　　　　C. –1 ℃　　　　　　D. 13 ℃

3. 计算：$3 - (-2) + |-4| = $ _____．

4. 计算：

(1) $\left(-4\frac{1}{3}\right) - (-2.75) - 5\frac{2}{3} + 3\frac{1}{4}$；

(2) $9\frac{3}{8} + 7\frac{7}{11} - 1\frac{3}{8} + 2\frac{4}{11}$．

5. 某检修小组乘汽车沿公路检修线路，约定前进为正，后退为负，某天从 A 地出发到收工时所走路线为：$+11$，-3，$+2$，-9，-4，$+12$，-2，$+9$，$+4$，-5（单位：千米）．

(1) 问收工时距 A 地多远？

(2) 若每千米耗油 0.2 升，问从 A 地出发到收工时共耗油多少升？

基础性作业评价

基础性作业评价表			
评价指标	等级		备注
	A　B　C		
答题的准确性			A 等：答案正确，过程正确 B 等：答案正确，过程有问题 C 等：答案不正确，过程不完整；答案不正确，过程错误或无过程
答题的规范性			A 等：过程规范，答案正确 B 等：过程不够规范、完整，答案正确 C 等：过程不规范或无过程，答案错误
解法的创新性			A 等：解法有新意和独到之处，答案正确 B 等：解法思路有创新，答案不完整或错误 C 等：常规解法，思路不清楚，过程复杂或无过程
综合评价等级			AAA、AAB 综合评价为 A 等；ABB、BBB、AAC 综合评价为 B 等；其余情况综合评价为 C 等

基础性作业分析与设计意图

第 1 题主要考查有理数混合运算省略加号的知识点．

第 2 题主要考查学生对有理数混合运算的运用，要求学生能运用法则解决实际问题，加深学生对有理数法则的理解．

第 3~4 题主要考查学生的有理数混合运算能力.

第 5 题主要考查学生对有理数混合运算的综合运用,提高学生的抽象能力和运算能力.

拓展性作业

1. 一个病人每天下午需要测量血压,下表为病人星期一到星期六收缩压的变化情况,该病人上星期日的收缩压为 160 mmHg.

星期	一	二	三	四	五	六
血压变化（mmHg）	+30	-20	+17	+18	-20	-5

若正号表示血压比前一天上升,负号表示血压比前一天下降. 该病人在本周收缩压最低的是（　　）

　　A. 星期二　　　　B. 星期三　　　　C. 星期五　　　　D. 星期六

2. 把（-2）+（-6）-（-3）-（+2）写成省略括号和加号的形式是_____.

3. 小明的爸爸连续记录了他家私家车 7 天中每天行驶的路程（如下表），以 50 千米为标准,多于 50 千米的记为"＋",不足 50 千米的记为"－".

	第一天	第二天	第三天	第四天	第五天	第六天	第七天
路程（千米）	-8	-11	-14	+10	-16	+31	+8

（1）请求出小明的爸爸这七天一共行驶多少千米.

（2）若行驶 100 千米需用汽油 8 升,汽油价格为 5.6 元/升,请按照这七天平均每天行驶的千米数计算小明的爸爸一个月（30 天）的汽油费用.

拓展性作业评价

拓展性作业评价表				
评价指标	等级			备注
	A	B	C	
答题的准确性				A 等：答案正确,过程正确
				B 等：答案正确,过程有问题
				C 等：答案不正确,过程不完整；答案不正确,过程错误或无过程

（续上表）

拓展性作业评价表				
评价指标	等级			备注
	A	B	C	
答题的规范性				A 等：过程规范，答案正确 B 等：过程不够规范、完整，答案正确 C 等：过程不规范或无过程，答案错误
解法的创新性				A 等：解法有新意和独到之处，答案正确 B 等：解法思路有创新，答案不完整或错误 C 等：常规解法，思路不清楚，过程复杂或无过程
综合评价等级				AAA、AAB 综合评价为 A 等；ABB、BBB、AAC 综合评价为 B 等；其余情况综合评价为 C 等

◤ 拓展性作业分析与设计意图

第 1 题主要考查学生对有理数减法法则的运用，加深学生对有理数减法法则的理解．

第 2 题主要考查分类讨论的数学思想，加强学生对有理数加减混合运算的理解．

第 3 题主要考查学生对有理数加减混合运算的实际应用，发展学生的抽象能力，提升学生的运算能力．

◤ 基础性作业参考答案

1. A　2. C　3. 9　4.（1）－4　（2）18　5.（1）15 千米　（2）12.2 升

◤ 拓展性作业参考答案

1. A　2. $-2-6+3-2$　3.（1）350 千米　（2）672 元

第五课时　有理数的乘法

◤ 课时目标

学生通过作业练习理解有理数的乘法法则，发展抽象能力，掌握有理数的乘法运算，提高运算能力．

■ 课时重难点

课时重点：有理数乘法法则.

课时难点：从给定的乘法算式中概括算式的规律.

■ 作业时长

基础性作业 10 分钟，拓展性作业 10 分钟，合计 20 分钟.

■ 作业类型

☑个性化作业　☑分层作业　□开放性作业　☑探究性作业

□项目式作业　□跨学科作业　□综合与实践作业

■ 基础性作业

1. 若（ -3 ） $\times$ □的运算结果为正数，则□内的数字可以为（　　　）

　　A. 2　　　　　　B. 1　　　　　　C. 0　　　　　　D. -1

2. 计算（ -6 ） $\times \left(-\dfrac{1}{3} \right)$ 的结果是（　　　）

　　A. 2　　　　　　B. -2　　　　　C. -18　　　　D. 18

3. 计算（ -5 ） $\times 2$ 的结果是_____.

4. 计算：

（1）（ -0.25 ） $\times$ （ -8 ）；　　　　（2） $\left(-\dfrac{3}{4} \right) \times \left(+4\dfrac{1}{3} \right)$ ；

（3）（ $+5$ ） $\times$ （ $+2\,012$ ） $\times 0 \times$ （ -10 ）.

5. 毛主席在《七律·长征》中写道，"更喜岷山千里雪，三军过后尽开颜".1934 年 10 月，中国工农红军从江西瑞金出发，他们跋山涉水，翻过连绵起伏的五岭，突破了乌江天险，四渡赤水，越过乌蒙山，巧渡金沙江，飞夺泸定桥，爬雪山，过草地，最后翻过岷山，历经十一个省，于 1936 年 10 月到达陕北，这是人类历史上的一个伟大事件. 岷山，自中国甘肃省南部延伸至四川省西北部，全长约一千里. 某幅地图上，测得长征的路线全长近似于岷山全长的 25 倍，由此估计长征的路线全长大约为_____里.

6. 用正负数表示气温的变化量，上升为正，下降为负. 登山队攀登一座山峰，每登高 1 km 气温下降 4 ℃，则登高 4 km 后，气温有什么变化？

基础性作业评价

基础性作业评价表

评价指标	等级			备注
	A	B	C	
答题的准确性				A 等：答案正确，过程正确 B 等：答案正确，过程有问题 C 等：答案不正确，过程不完整；答案不正确，过程错误或无过程
答题的规范性				A 等：过程规范，答案正确 B 等：过程不够规范、完整，答案正确 C 等：过程不规范或无过程，答案错误
解法的创新性				A 等：解法有新意和独到之处，答案正确 B 等：解法思路有创新，答案不完整或错误 C 等：常规解法，思路不清楚，过程复杂或无过程
综合评价等级				AAA、AAB 综合评价为 A 等；ABB、BBB、AAC 综合评价为 B 等；其余情况综合评价为 C 等

基础性作业分析与设计意图

第 1~4 题主要考查有理数乘法法则，进一步让学生理解有理数的乘法法则，发展学生的运算能力．

第 5 题主要考查有理数乘法的知识点，渗透育人理念，加强学校爱国主义教育．

第 6 题主要考查学生对有理数乘法法则的实际运用，提高学生的抽象能力和运算能力．

拓展性作业

1. 已知有理数 a，b 在数轴上对应的点如右图所示，则下列式子正确的是（　　）

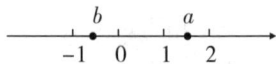

A. $a-b<0$　　　　B. $a+b<0$　　　　C. $ab>0$　　　　D. $ab<0$

2. 从数 -4，1，-3，5，-8 中任意选取两个数相乘，其积的最大值是_____．

3. 商店降价销售某种商品，每件降 5 元，售出 30 件后，与按原价销售同样数量的商品相比，销售额有什么变化？

拓展性作业评价

拓展性作业评价表			
评价指标	等级		备注
	A	B	C	
答题的准确性				A 等：答案正确，过程正确 B 等：答案正确，过程有问题 C 等：答案不正确，过程不完整；答案不正确，过程错误或无过程
答题的规范性				A 等：过程规范，答案正确 B 等：过程不够规范、完整，答案正确 C 等：过程不规范或无过程，答案错误
解法的创新性				A 等：解法有新意和独到之处，答案正确 B 等：解法思路有创新，答案不完整或错误 C 等：常规解法，思路不清楚，过程复杂或无过程
综合评价等级				AAA、AAB 综合评价为 A 等；ABB、BBB、AAC 综合评价为 B 等；其余情况综合评价为 C 等

拓展性作业分析与设计意图

第 1 题主要考查利用数轴和有理数乘法法则，判断式子是否正确，进一步让学生理解有理数的乘法法则，发展学生的运算能力．

第 2 题主要考查有理数乘法法则，让学生分析多种情况，提高运算能力．

第 3 题主要考查学生对有理数乘法法则的实际运用，提高学生的抽象能力和运算能力．

基础性作业参考答案

1. D　2. A　3. -10　4. （1）2　（2）$-\dfrac{13}{4}$　（3）0　5. 25 000

6. 下降了 16 ℃

■ **拓展性作业参考答案**

1. D　2. 32　3. 销售额降低 150 元

第六课时　有理数的乘法运算律

■ **课时目标**

学生通过作业练习理解有理数的乘法运算律，发展抽象能力，掌握有理数的乘法运算律，提高运算能力．

■ **课时重难点**

课时重点：有理数乘法运算律．

课时难点：有理数乘法运算律的正确、灵活运用．

■ **作业时长**

基础性作业 10 分钟，拓展性作业 10 分钟，合计 20 分钟．

■ **作业类型**

☑个性化作业　☑分层作业　□开放性作业　☑探究性作业
□项目式作业　□跨学科作业　□综合与实践作业

■ **基础性作业**

1. 简化计算 $\left(\dfrac{1}{24}-\dfrac{7}{12}+\dfrac{1}{4}\right)\times(-24)$，应该运用（　　）

　　A. 加法交换律　　　　　　　　B. 加法结合律

　　C. 乘法对加法的分配律　　　　D. 乘法结合律

2. 下列各式计算正确的是（　　）

　　A. $(-3)\times(-2)=-6$

　　B. $(-4)\times(-3)\times(-5)=-60$

　　C. $-8\times7+(-2)\times7+(-5)\times0=0$

　　D. $\left(\dfrac{1}{3}-\dfrac{1}{4}-\dfrac{1}{6}\right)\times(-48)=-4$

3. 计算：$-35\times25\times(-4)=$ _____．

4. 计算：$(-2)\times(-2)\times2\times(-2)=$ _____．

5. 计算：

（1）$\left(-\dfrac{81}{20}\right) \times 1.25 \times (-8)$；　　　　（2）$\left(-\dfrac{5}{31}\right) \times \left(-\dfrac{9}{2}\right) \times \left(-\dfrac{31}{15}\right) \times \dfrac{2}{9}$；

（3）$\left(\dfrac{7}{9} - \dfrac{5}{6} + \dfrac{3}{4} - \dfrac{7}{18}\right) \times (-36)$．

◤ 基础性作业评价

基础性作业评价表			
评价指标	等级		备注
	A　B　C		
答题的准确性			A 等：答案正确，过程正确 B 等：答案正确，过程有问题 C 等：答案不正确，过程不完整；答案不正确，过程错误或无过程
答题的规范性			A 等：过程规范，答案正确 B 等：过程不够规范、完整，答案正确 C 等：过程不规范或无过程，答案错误
解法的创新性			A 等：解法有新意和独到之处，答案正确 B 等：解法思路有创新，答案不完整或错误 C 等：常规解法，思路不清楚，过程复杂或无过程
综合评价等级			AAA、AAB 综合评价为 A 等；ABB、BBB、AAC 综合评价为 B 等；其余情况综合评价为 C 等

◤ 基础性作业分析与设计意图

第 1 题主要考查有理数乘法运算律，提高学生对乘法运算律的理解．

第 2~5 题主要考查学生对有理数乘法运算律的运用，提高学生的运算能力．

◤ 拓展性作业

1. 下列各式中，结果是正数的是（　　）

　　A. $2 \times (-3) \times 4$　　　　　　　　B. $2 \times 3 \times (-4)$

　　C. $2 \times (-3) \times (-4)$　　　　　　D. $(-2) \times (-3) \times (-4)$

2. 我国古书《易经》中记载了一种"结绳计数"的方法，一女子在从右

到左依次排列的绳子上打结，满七向左进一，用来记录采集到的野果数量，下列图示中表示 162 颗的是（　　　）

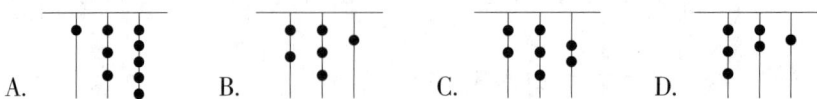

A.　　　　　　B.　　　　　　C.　　　　　　D.

3. 请你参考黑板中老师的讲解，用运算律进行简便计算：

> 例1　$98 \times 12 = （100 - 2）\times 12 = 1\,200 - 24 = 1\,176$
>
> 例2　$-16 \times 233 + 17 \times 233 = （-16 + 17）\times 233 = 233$

（1）99×15；

（2）$99 \times （-5）+ 99 \times （-6）+ 99 \times 10$.

拓展性作业评价

拓展性作业评价表				
评价指标	等级			备注
	A	B	C	
答题的准确性				A 等：答案正确，过程正确 B 等：答案正确，过程有问题 C 等：答案不正确，过程不完整；答案不正确，过程错误或无过程
答题的规范性				A 等：过程规范，答案正确 B 等：过程不够规范、完整，答案正确 C 等：过程不规范或无过程，答案错误
解法的创新性				A 等：解法有新意和独到之处，答案正确 B 等：解法思路有创新，答案不完整或错误 C 等：常规解法，思路不清楚，过程复杂或无过程
综合评价等级				AAA、AAB 综合评价为 A 等；ABB、BBB、AAC 综合评价为 B 等；其余情况综合评价为 C 等

拓展性作业分析与设计意图

第 1 题主要考查有理数乘法运算律，提高学生对乘法运算律的理解.

第 2 题主要考查有理数乘法运算律，增强学生的数学文化自信.

第 3 题主要考查学生对有理数乘法运算律的灵活运用，达到简便计算的目的.

基础性作业参考答案

1. C　2. B　3. 3 500　4. －16　5. (1) $\dfrac{81}{2}$　(2) $-\dfrac{1}{3}$　(3) －11

拓展性作业参考答案

1. C　2. D　3. (1) 1 485　(2) －99

第七课时　有理数的除法

课时目标

学生通过作业练习理解有理数的除法法则，发展抽象能力，掌握有理数的除法运算，提高运算能力．

课时重难点

课时重点：有理数除法法则．

课时难点：运用有理数除法法则正确运算．

作业时长

基础性作业 10 分钟，拓展性作业 10 分钟，合计 20 分钟．

作业类型

☑个性化作业　☑分层作业　□开放性作业　☑探究性作业

□项目式作业　□跨学科作业　□综合与实践作业

基础性作业

1. 计算：$8 \div (-4) = ($ 　　$)$

　A. 2　　　　　　B. －2　　　　　　C. 32　　　　　　D. －32

2. 计算 $1 \div \left(-3\dfrac{4}{5}\right)$ 时，除法变为乘法正确的是（　　）

　A. $1 \times \left(-3\dfrac{4}{5}\right)$　B. $1 \times \left(+\dfrac{19}{5}\right)$　C. $1 \times \left(+\dfrac{5}{19}\right)$　D. $1 \times \left(-\dfrac{5}{19}\right)$

3. 下列化简正确的是（　　）

　A. $\dfrac{-15}{-5} = -3$　B. $\dfrac{0}{-2} = 2$　C. $\dfrac{8}{-2} = -4$　D. $\dfrac{-5}{-15} = -\dfrac{1}{3}$

4. 化简：$\dfrac{-30}{-5} = $ _____.

5. 计算：

(1) $(-9) \div (-3)$；　　　　(2) $(-3.6) \div 1.2$；

(3) $1 \div (-6)$.

基础性作业评价

基础性作业评价表			
评价指标	等级		备注
	A　B　C		
答题的准确性			A 等：答案正确，过程正确 B 等：答案正确，过程有问题 C 等：答案不正确，过程不完整；答案不正确，过程错误或无过程
答题的规范性			A 等：过程规范，答案正确 B 等：过程不够规范、完整，答案正确 C 等：过程不规范或无过程，答案错误
解法的创新性			A 等：解法有新意和独到之处，答案正确 B 等：解法思路有创新，答案不完整或错误 C 等：常规解法，思路不清楚，过程复杂或无过程
综合评价等级			AAA、AAB 综合评价为 A 等；ABB、BBB、AAC 综合评价为 B 等；其余情况综合评价为 C 等

基础性作业分析与设计意图

第 1~2 题主要考查有理数除法法则，增强学生对除法法则的理解，提高学生的运算能力.

第 3~4 题主要考查运用有理数除法法则进行化简，拓展学生对运用有理数除法法则的理解和运用.

第 5 题主要考查有理数除法法则，增强学生对除法法则的理解，提高学生的运算能力.

拓展性作业

1. 若两个有理数在数轴上对应的点都在原点的同侧，则这两个数相除所

得的商（　　）

  A. 一定是负数 B. 一定是正数 C. 等于 0   D. 以上都不对

2. 已知：a 的绝对值为 3，b 的绝对值为 5，而且 $\dfrac{a}{b} < 0$，则 $\dfrac{a}{b} =$ ＿＿＿＿．

3. 已知三个不为 0 的有理数 a，b，c，满足 $a+b+c=0$，求出 $\dfrac{a}{|a|} + \dfrac{b}{|b|} +$ $\dfrac{c}{|c|}$ 的所有可能的值．

▰ 拓展性作业评价

拓展性作业评价表				
评价指标	等级			备注
	A	B	C	
答题的准确性				A 等：答案正确，过程正确 B 等：答案正确，过程有问题 C 等：答案不正确，过程不完整；答案不正确，过程错误或无过程
答题的规范性				A 等：过程规范，答案正确 B 等：过程不够规范、完整，答案正确 C 等：过程不规范或无过程，答案错误
解法的创新性				A 等：解法有新意和独到之处，答案正确 B 等：解法思路有创新，答案不完整或错误 C 等：常规解法，思路不清楚，过程复杂或无过程
综合评价等级				AAA、AAB 综合评价为 A 等；ABB、BBB、AAC 综合评价为 B 等；其余情况综合评价为 C 等

▰ 拓展性作业分析与设计意图

第 1 题主要考查有理数除法法则，提高学生对除法法则的理解．

第 2～3 题主要考查学生对有理数除法法则的运用，渗透分类讨论的数学思想，提高学生的运算能力和抽象思维能力．

▰ 基础性作业参考答案

1. B 2. D 3. C 4. 6 5. (1) 3 (2) −3 (3) $-\dfrac{1}{6}$

1. B   2. $-\dfrac{3}{5}$ 3. ± 1

第八课时　有理数的乘除混合运算

课时目标

学生通过作业练习理解有理数的乘除混合运算，发展抽象能力，掌握有理数的乘除混合运算，提高运算能力．

课时重难点

课时重点：有理数的乘除混合运算．

课时难点：运用有理数的混合运算顺序进行正确运算．

作业时长

基础性作业 10 分钟，拓展性作业 12 分钟，合计 22 分钟．

作业类型

☑个性化作业　☑分层作业　☑开放性作业　☑探究性作业
☐项目式作业　☐跨学科作业　☐综合与实践作业

基础性作业

1. 计算 $-8 \div (-2) \times \left(-\dfrac{1}{2}\right)$ 的结果是（　　）

　A. 8　　　　　　B. -8　　　　　　C. 2　　　　　　D. -2

2. 计算 $(-5) \times (-6) \div (-7)$ 的结果的符号是_____．

3. $11 \div \dfrac{1}{11} \times \dfrac{1}{11} \div \dfrac{1}{11} =$_____．

4. 计算：

(1) $\dfrac{2}{5} \div \left(-2\dfrac{1}{2}\right) \times 3\dfrac{3}{4}$;　　　　(2) $(-8) \div (-9) \times \left(-\dfrac{1}{9}\right)$;

(3) $\left(-2\dfrac{1}{7}\right) \div (-1.2) \times \left(-1\dfrac{2}{5}\right)$.

5. 计算：

(1) $\left(-\dfrac{1}{12} + \dfrac{1}{3} - \dfrac{1}{2}\right) \div \left(-\dfrac{1}{18}\right)$;　　　　(2) $\left(\dfrac{1}{8} + \dfrac{1}{6} + \dfrac{1}{3}\right) \div \dfrac{1}{48}$;

（3）$15 \times \left(\dfrac{1}{17} + \dfrac{2}{15} \right) \times 17$.

基础性作业评价

<table>
<tr><td colspan="5">基础性作业评价表</td></tr>
<tr><td rowspan="2">评价指标</td><td colspan="3">等级</td><td rowspan="2">备注</td></tr>
<tr><td>A</td><td>B</td><td>C</td></tr>
<tr><td>答题的准确性</td><td></td><td></td><td></td><td>A 等：答案正确，过程正确
B 等：答案正确，过程有问题
C 等：答案不正确，过程不完整；答案不正确，过程错误或无过程</td></tr>
<tr><td>答题的规范性</td><td></td><td></td><td></td><td>A 等：过程规范，答案正确
B 等：过程不够规范、完整，答案正确
C 等：过程不规范或无过程，答案错误</td></tr>
<tr><td>解法的创新性</td><td></td><td></td><td></td><td>A 等：解法有新意和独到之处，答案正确
B 等：解法思路有创新，答案不完整或错误
C 等：常规解法，思路不清楚，过程复杂或无过程</td></tr>
<tr><td>综合评价等级</td><td></td><td></td><td></td><td>AAA、AAB 综合评价为 A 等；ABB、BBB、AAC 综合评价为 B 等；其余情况综合评价为 C 等</td></tr>
</table>

基础性作业分析与设计意图

第 1～4 题主要考查有理数乘除法法则，增强学生对乘除法法则的理解，提高学生的运算能力.

第 5 题主要考查有理数混合运算，加强学生对有理数混合运算的理解，提高学生的运算能力.

拓展性作业

1. 某地区夏季高山上的温度从山脚起，海拔每升高 100 m，平均气温下降 0.6 ℃，假设山脚的海拔高度为 0 m，温度是 30 ℃.

（1）若这座山的海拔高度是 5 km，求山顶温度；

（2）小明在上山过程中看到温度计上的读数是 28.2 ℃，此时他所处的海拔高度为多少？

2. 【问题情境】

在数学活动课上，同学们玩"计算竞大"的游戏：每场游戏开始时，甲、乙两人手上各执四张数字牌和四张运算符号牌，四张数字牌上分别标有一个数字，四张运算符号牌分别标有"＋""－""×""÷"四个运算符号，双方都能看到对方牌面的信息．游戏开始，两人依次轮流出牌，每次只有一人出牌．

游戏规则：

①第一次，由先出牌者出一张数字牌，直接作为第一次结果．

②从第二次开始，每次由出牌者出一张符号牌和一张数字牌，与上一次结果进行相应运算，运算结果记为本次结果．若本次结果的绝对值比上一次结果的绝对值大，则游戏继续；否则游戏结束，本次出牌者失利，对方获得本场游戏胜利．

③若游戏继续，则按上述规则玩到两人手上都没有数字牌为止．若最后一次结果的绝对值大于上一次结果的绝对值，则最后一次出牌者获得本场游戏胜利，否则对方获胜．

（相应的运算示例：若上一次的结果为 -3，本次出牌的符号为"÷"，数字为"2"，则相应的运算为 $-3 \div 2$）

【问题解决】

在某一场游戏前，甲、乙两人拿到的数字牌和符号牌如下：

甲：	-3	5	$-\dfrac{1}{3}$	2	乙：	$-\dfrac{1}{2}$	3	4	1
	$+$	$-$	$\times$	$\div$		$+$	$-$	$\times$	$\div$

（1）若第一次甲出"2"，第二次乙出"－"和"3"，直接写出第二次的结果，并判断游戏是否继续；

（2）若第一次甲出"-3"，第二次乙出"－"和"1"，第三次甲出"÷"和"$-\dfrac{1}{3}$"，第四次乙出"×"和"3"，第五次甲出"×"和"2"，请列出综合算式求第五次的结果．

拓展性作业评价

拓展性作业评价表

评价指标	等级			备注
	A	B	C	
答题的准确性				A 等：答案正确，过程正确 B 等：答案正确，过程有问题 C 等：答案不正确，过程不完整；答案不正确，过程错误或无过程
答题的规范性				A 等：过程规范，答案正确 B 等：过程不够规范、完整，答案正确 C 等：过程不规范或无过程，答案错误
解法的创新性				A 等：解法有新意和独到之处，答案正确 B 等：解法思路有创新，答案不完整或错误 C 等：常规解法，思路不清楚，过程复杂或无过程
综合评价等级				AAA、AAB 综合评价为 A 等；ABB、BBB、AAC 综合评价为 B 等；其余情况综合评价为 C 等

拓展性作业分析与设计意图

第 1 题本题主要考查有理数混合运算，提高学生对有理数混合运算的理解，提高学生的抽象能力．

第 2 题主要考查有理数混合运算的情景运用，渗透分类讨论的数学思想，培养学生的逻辑推理能力，提高学生的运算能力和抽象思维能力．

基础性作业参考答案

1. D　2. 负号　3. 121　4. （1） $-\dfrac{3}{5}$　（2） $-\dfrac{8}{81}$　（3） $-\dfrac{5}{2}$

5. （1） $4\dfrac{1}{2}$　（2） 30　（3） 49

拓展性作业参考答案

1. （1） 0 ℃　（2） 300 m
2. （1） -1，否

（2）$(-3-1) \div (-\dfrac{1}{3}) \times 3 \times 2 = -4 \times (-3) \times 3 \times 2 = 72$

第九课时　有理数的乘方

课时目标

学生通过作业练习理解并掌握有理数的乘方、幂、底数、指数的概念及意义，能够正确进行有理数的乘方运算，在生动的情景中感受转化的数学思想，培养探究能力与动手操作能力．

课时重难点

课时重点：有理数乘方的意义及运算．

课时难点：有理数乘方中幂、指数、底数的概念及对其相互间关系的理解．

作业时长

基础性作业 10 分钟，拓展性作业 8 分钟，合计 18 分钟．

作业类型

☑个性化作业　☑分层作业　□开放性作业　☑探究性作业
□项目式作业　□跨学科作业　□综合与实践作业

基础性作业

1. 对乘积 $(-3) \times (-3) \times (-3) \times (-3)$ 记法正确的是（　　　）

　　A. -3^4　　　　　　B. $(-3)^4$　　　　C. $-(+3)^4$　　　D. $-(-3)^4$

2. $(-2)^3 = $（　　　）

　　A. -6　　　　　　B. 6　　　　　　　C. -8　　　　　D. 8

3. 计算：$(-1)^{2\,024} = $ _____．

4. 计算：$-(-5)^2 = $ _____．

5. 求下列各式的值：

（1）$(-3)^3$；（2）$(-\dfrac{1}{2})^4$；（3）$(-1\dfrac{1}{2})^2$；（4）$-(-0.3)^2$．

6. 某学习小组学习了幂的有关知识发现：根据 $a^m = b$，知道 a、m 可以求 b 的值．如果知道 a、b，可以求 m 的值吗？他们为此进行了研究，规定：若 $a^m = b$，则 $T(a, b) = m$．例如：$2^4 = 16$，则 $T(2, 16) = 4$．请求出 $T(3, 81)$ 的值．

基础性作业评价

评价指标	等级			备注
	A	B	C	
答题的准确性				A 等：答案正确，过程正确 B 等：答案正确，过程有问题 C 等：答案不正确，过程不完整；答案不正确，过程错误或无过程
答题的规范性				A 等：过程规范，答案正确 B 等：过程不够规范、完整，答案正确 C 等：过程不规范或无过程，答案错误
解法的创新性				A 等：解法有新意和独到之处，答案正确 B 等：解法思路有创新，答案不完整或错误 C 等：常规解法，思路不清楚，过程复杂或无过程
综合评价等级				AAA、AAB 综合评价为 A 等；ABB、BBB、AAC 综合评价为 B 等；其余情况综合评价为 C 等

基础性作业评价表

基础性作业分析与设计意图

第 1 题主要考查有理数乘方的相关法则，加强学生对乘方的理解，提高学生的运算能力．

第 2～5 题主要考查有理数乘方运算，加强学生对乘方法则的理解，提高学生的运算能力．

第 6 题主要考查学生对有理数乘方概念的运用，加深学生对乘方概念的理解．

拓展性作业

1. 用"※"定义一种新运算：对于任何有理数 a 和 b，规定 $a※b = ab + b^2$．如 $1※2 = 1 \times 2 + 2^2 = 6$，则 $-4※2$ 的值为（　　　）

    A. -4　　　　　　B. 8　　　　　　C. 4　　　　　　D. -8

2. 若 $|x - 2| + (y + 3)^2 = 0$，则 $y^x =$ _____．

3. 阅读下列各式：$(a \cdot b)^2 = a^2 b^2$，$(a \cdot b)^3 = a^3 b^3$，$(a \cdot b)^4 = a^4 b^4 \cdots$回答下列两个问题：

（1）通过上述验证，归纳得出：$(a \cdot b)^n =$ _____；$(abc)^n =$ _____.

（2）请应用上述性质计算：$(-0.125)^{10} \times 2^{10} \times 4^{10}$.

◤ 拓展性作业评价

拓展性作业评价表			
评价指标	等级		备注
	A	B	C	
答题的准确性				A 等：答案正确，过程正确 B 等：答案正确，过程有问题 C 等：答案不正确，过程不完整；答案不正确，过程错误或无过程
答题的规范性				A 等：过程规范，答案正确 B 等：过程不够规范、完整，答案正确 C 等：过程不规范或无过程，答案错误
解法的创新性				A 等：解法有新意和独到之处，答案正确 B 等：解法思路有创新，答案不完整或错误 C 等：常规解法，思路不清楚，过程复杂或无过程
综合评价等级				AAA、AAB 综合评价为 A 等；ABB、BBB、AAC 综合评价为 B 等；其余情况综合评价为 C 等

◤ 拓展性作业分析与设计意图

第 1 题主要考查有理数乘方，提高学生对有理数混合运算的理解，提高学生的抽象能力.

第 2 题主要考查有理数乘方，利用分类讨论的数学思想，培养学生的逻辑推理能力，提高学生的运算能力和抽象思维能力.

第 3 题主要考查有理数乘方，加强学生对有理数乘方中幂、指数、底数的概念的理解，利用类比数学思想，培养学生的逻辑推理能力，提高学生的运算能力和抽象思维能力.

基础性作业参考答案

1. B 2. C 3. 1 4. -25

5. （1） -27 （2） $\dfrac{1}{16}$ （3） $\dfrac{9}{4}$ （4） -0.09 6. 4

拓展性作业参考答案

1. A 2. 9 3. （1） $a^n b^n$ $a^n b^n c^n$ （2） 1

第十课时　有理数的混合运算

课时目标

学生通过作业练习掌握有理数加、减、乘、除、乘方混合运算的运算顺序，提高观察和总结能力，发展抽象能力，提高运算能力.

课时重难点

课时重点：应用有理数的混合运算法则进行运算.

课时难点：熟练并且正确地运用有理数的混合运算法则进行运算.

作业时长

基础性作业 10 分钟，拓展性作业 8 分钟，合计 18 分钟.

作业类型

☑个性化作业　☑分层作业　□开放性作业　☑探究性作业

□项目式作业　□跨学科作业　□综合与实践作业

基础性作业

1. $-3^2 + 2$ 的计算结果是（　　　）

　A. 7　　　　　　　B. 11　　　　　　　C. -7　　　　　　　D. -4

2. $(-1)^{2023} + (-1)^{2024}$ 等于（　　　）

　A. 2　　　　　　　B. 0　　　　　　　C. -1　　　　　　　D. -2

3. 计算：$(-2)^2 \times 5 - (-2)^3 \div 4 = $ _____.

4. 莉莉和佳佳计算下列式子，请问她们的计算过程正确吗？如果不正确，请写出正确的计算过程.

计算：$-18 \div (-3)^2 \times \left(-\dfrac{1}{2}\right)^3$.

莉莉的计算过程如下：

解：原式 $= (-18) \div 9 \times \dfrac{1}{2}$

$= (-18) \times \dfrac{1}{9} \times \dfrac{1}{2}$

$= -\dfrac{1}{4}$

佳佳的计算过程如下：

解：原式 $= (-18) \div 9 \times \left(-\dfrac{1}{8}\right)$

$= (-18) \div \left(-\dfrac{9}{8}\right)$

$= (-18) \times \left(-\dfrac{8}{9}\right)$

$= 16$

5. 计算：

(1) $3 \times (-2)^2 - 2 \div \left(-\dfrac{1}{3}\right)$;　　(2) $-1^4 - \dfrac{1}{6} \times [2 - (-3)^2]$;

(3) $(-3)^2 \times 2 - (-4 \div 2) + 10$.

基础性作业评价

基础性作业评价表			
评价指标	等级		备注
	A　B　C		
答题的准确性			A 等：答案正确，过程正确 B 等：答案正确，过程有问题 C 等：答案不正确，过程不完整；答案不正确，过程错误或无过程
答题的规范性			A 等：过程规范，答案正确 B 等：过程不够规范、完整，答案正确 C 等：过程不规范或无过程，答案错误
解法的创新性			A 等：解法有新意和独到之处，答案正确 B 等：解法思路有创新，答案不完整或错误 C 等：常规解法，思路不清楚，过程复杂或无过程
综合评价等级			AAA、AAB 综合评价为 A 等；ABB、BBB、AAC 综合评价为 B 等；其余情况综合评价为 C 等

基础性作业分析与设计意图

第 1～3 题主要考查有理数混合运算，加强学生对有理数混合运算的理解，提高学生的运算能力．

第4题主要考查有理数混合运算，加强学生对有理数混合运算的理解，利用学生的易错点，提高学生运算的细心程度．

第5题主要考查有理数混合运算，提高学生的综合运算能力．

拓展性作业

1. 下列计算不正确的是（　　）

　　A. $-1^2 -2\times(-3+4) = -3$　　　　B. $-1^2 -2\times(-3-4) = -15$

　　C. $(-1)^2 -2\times(-3-4) = 15$　　　D. $(-1)^2 -2\times(-3+4) = -1$

2. 在算式 $5 -\left(-\dfrac{7}{8}\square 6\right)^2$ 的□中，填入下列哪个运算符号，可使计算出来的值是最小的（　　）

　　A. +　　　　　　　B. -　　　　　　　C. ×　　　　　　　D. ÷

3. 观察下列运算过程：计算：$1 +2 +2^2 +\cdots +2^{10}$.

解：设 $S =1 +2 +2^2 +\cdots +2^{10}$，①

①×2 得，$2S =2 +2^2 +2^3 +\cdots +2^{11}$，②

②-①得，$S =2^{11} -1$.

所以，$1 +2 +2^2 +\cdots +2^{10} =2^{11} -1$

运用上面的计算方法计算：$1 +3 +3^2 +\cdots +3^{20}$.

拓展性作业评价

拓展性作业评价表				
评价指标	等级			备注
	A	B	C	
答题的准确性				A 等：答案正确，过程正确
				B 等：答案正确，过程有问题
				C 等：答案不正确，过程不完整；答案不正确，过程错误或无过程
答题的规范性				A 等：过程规范，答案正确
				B 等：过程不够规范、完整，答案正确
				C 等：过程不规范或无过程，答案错误

（续上表）

拓展性作业评价表			
评价指标	等级		备注
	A	B	C
解法的创新性				A 等：解法有新意和独到之处，答案正确 B 等：解法思路有创新，答案不完整或错误 C 等：常规解法，思路不清楚，过程复杂或无过程
综合评价等级				AAA、AAB 综合评价为 A 等；ABB、BBB、AAC 综合评价为 B 等；其余情况综合评价为 C 等

拓展性作业分析与设计意图

第 1 题本题主要考查有理数混合运算，增强学生对有理数混合运算的理解，提高运算能力．

第 2 题主要考查有理数混合运算，培养学生的逻辑思维能力，提高运算能力．

第 3 题主要考查学生对有理数混合运算的综合运用，培养学生的逻辑思维能力，提高运算能力和抽象思维能力．

基础性作业参考答案

1. C　2. B　3. 22

4. 错误，解：原式 $= -18 \div 9 \times \left(-\dfrac{1}{8} \right)$

$$= 18 \div 9 \times \dfrac{1}{8}$$

$$= 2 \times \dfrac{1}{8}$$

$$= \dfrac{1}{4}$$

5. （1）18　（2）$\dfrac{1}{6}$　（3）30

拓展性作业参考答案

1. B　2. B　3. $\dfrac{3^{21} - 1}{2}$

第十一课时 科学记数法

课时目标

学生通过作业练习理解科学记数法的意义，会用科学记数法表示较大的数，能正确使用科学记数法表示绝对值较大的数，并能对一个用科学记数法写出的数进行还原.

课时重难点

课时重点：用科学记数法表示大数.

课时难点：正确使用科学记数法表示大数.

作业时长

基础性作业 8 分钟，拓展性作业 8 分钟，合计 16 分钟.

作业类型

☑个性化作业　☑分层作业　□开放性作业　☑探究性作业

□项目式作业　☑跨学科作业　□综合与实践作业

基础性作业

1. 杭州亚运会开幕式上，约 105 800 000 名"数字火炬人"和现场火炬手共同点燃了主火炬塔，实现了首个"数实融合"的点火仪式，将数据 105 800 000 用科学记数法表示为 $a \times 10^n$ 的形式，则 a 的值为（　　）

　　A. 0. 105 8　　　B. 1. 058　　　C. 10. 58　　　D. 1 058

2. 2024 年 3 月 30 日，某省统计局公布常住人口约为 66 270 000 人，将 66 270 000 用科学记数法表示为（　　）

　　A. 0.662×10^8　　B. 66.27×10^6　　C. $0.662\ 7 \times 10^8$　　D. 6.627×10^7

3. "北斗系统"是我国自主建设运行的全球卫星导航系统，国内多个导航地图采用北斗优先定位. 目前，北斗定位服务日均使用量已超过 0. 36 万亿次，0. 36 万亿用科学记数法表示为（　　）

　　A. 0.36×10^{12}　　B. 3.6×10^{11}　　C. 3.6×10^{13}　　D. 36×10^{10}

4. 据统计，2023 年我国新能源汽车产量超过 944 万辆，其中 944 万用科学记数法表示为（　　）

　　A. 0.944×10^7　　B. 9.44×10^6　　C. 9.44×10^7　　D. 94.4×10^6

5. 用科学记数法表示的数为 -6.03×10^5，那么原数为_____.

6. 拒绝"餐桌浪费"，刻不容缓．据统计，全国每年浪费食物总量约 55 000 000 000千克．这个数据用科学记数法表示为_____千克．

7. 随着交通网络的不断完善，旅游业持续升温．据统计，在2024年"十一"期间，某风景区接待游客4.03×10^5人．这个用科学记数法表示的数据的原数为_____．

8. 还原下列用科学记数法表示的数：

（1）5.02×10^3；（2）7.26×10^7；（3）-2.0×10^6．

基础性作业评价

基础性作业评价表			
评价指标	等级		备注
	A　B　C		
答题的准确性			A 等：答案正确，过程正确
			B 等：答案正确，过程有问题
			C 等：答案不正确，过程不完整；答案不正确，过程错误或无过程
答题的规范性			A 等：过程规范，答案正确
			B 等：过程不够规范、完整，答案正确
			C 等：过程不规范或无过程，答案错误
解法的创新性			A 等：解法有新意和独到之处，答案正确
			B 等：解法思路有创新，答案不完整或错误
			C 等：常规解法，思路不清楚，过程复杂或无过程
综合评价等级			AAA、AAB 综合评价为 A 等；ABB、BBB、AAC 综合评价为 B 等；其余情况综合评价为 C 等

基础性作业分析与设计意图

第 1~7 题主要考查科学记数法，增强学生对科学记数法的概念与表现形式的理解．

第 8 题主要考查科学记数法，要求学生能还原原来的数，培养学生的逆向思维．

拓展性作业

1. 许多人由于粗心，经常造成水龙头"滴水"或"流水"不断．根据测定，一般情况下，一个水龙头"滴水"1小时可以流掉 3.5 千克水，若 1 年按 365 天计算，则这个水龙头 1 年可以流掉多少千克水？（用科学记数法表示）

2. 科学家推算出天鹅座第 61 颗暗星距离地球 102 000 000 000 000 千米．

（1）用科学记数法表示出天鹅座第 61 颗暗星到地球的距离；

（2）如果光每秒可以行 300 000 千米，那么你能计算出天鹅座第 61 颗暗星发出的光到达地球需要多少秒吗？用科学记数法表示出来．

3. 一粒米微不足道，平时总会在饭桌上不经意地掉下几粒米饭，甚至有些挑食的同学会把吃剩的米饭倒掉，针对这种浪费粮食的现象，老师组织同学进行了实际测算，称得 1 000 粒大米约重 20 克．现在请你来计算：

（1）一粒大米重约多少克？

（2）按我国现有人口 14 亿，按 300 天，每天每人三餐计算，若每人每餐节约 1 粒大米，那么大概能节约大米多少千克？（结果用科学记数法表示）

拓展性作业评价

拓展性作业评价表				
评价指标	等级			备注
	A	B	C	
答题的准确性				A 等：答案正确，过程正确
				B 等：答案正确，过程有问题
				C 等：答案不正确，过程不完整；答案不正确，过程错误或无过程
答题的规范性				A 等：过程规范，答案正确
				B 等：过程不够规范、完整，答案正确
				C 等：过程不规范或无过程，答案错误
解法的创新性				A 等：解法有新意和独到之处，答案正确
				B 等：解法思路有创新，答案不完整或错误
				C 等：常规解法，思路不清楚，过程复杂或无过程
综合评价等级				AAA、AAB 综合评价为 A 等；ABB、BBB、AAC 综合评价为 B 等；其余情况综合评价为 C 等

拓展性作业分析与设计意图

第 1 题主要考查学生对科学记数法的运用，增强学生对科学记数法的理解，同时培养学生的节水意识，保护生态环境，杜绝浪费水资源，倡导学科育人．

第 2 题主要考查学生对科学记数法的运用，增强学生对科学记数法的理解，设计跨学科作业，加深学生对科学的热爱，激发学生探索宇宙的热情．

第 3 题主要考查学生对科学记数法的运用，增强学生对科学记数法的理解，培养学生节约粮食的观念和意识，倡导学科育人．

基础性作业参考答案

1．B　2．D　3．B　4．B　5．−603 000　6．5.5×10^{10}　7．403 000

8．（1）5 020　　（2）72 600 000　　（3）−2 000 000

拓展性作业参考答案

1．3.066×10^4 千克水

2．（1）1.02×10^{14} 千米　　（2）3.4×10^8 秒

3．（1）0.02 克　　（2）2.52×10^7 千克

第十二课时　近似数

课时目标

学生通过作业练习理解近似数的意义，能按照精确度的要求，用四舍五入法求出近似数．

课时重难点

课时重点：理解近似数、精确度的意义．

课时难点：由给出的近似数求其精确度及有效数字，按给定的精确度或有效数字求一个数的近似数．

作业时长

基础性作业 10 分钟，拓展性作业 10 分钟，合计 20 分钟．

作业类型

☑个性化作业　☑分层作业　□开放性作业　☑探究性作业
□项目式作业　☑跨学科作业　□综合与实践作业

基础性作业

1. 用四舍五入法按要求对 0.250 25 取近似值，其中错误的是（　　）

A. 0.250 2（精确到 0.000 1）　　　　B. 0.25（精确到百分位）

C. 0.250（精确到千分位）　　　　　D. 0.3（精确到 0.1）

2. 下列说法中正确的是（　　）

A. 近似数 3.50 是精确到个位的数

B. 近似数 35.0 是精确到十分位的数

C. 近似数 6×10^2 和近似数 600 的精确度是相同的

D. 近似数 1.7 和近似数 1.70 是一样的

3. 近似数 65.07 万精确到（　　）

A. 百位　　　　　B. 百分位　　　　　C. 万位　　　　　D. 个位

4. 用"准确数"或"近似数"填空.

（1）月球与地球的距离约为 38 万千米. _____

（2）长江长约 6 300 千米. _____

（3）我国有 14 亿人口. _____

（4）2013 年春晚共有 40 个节目. _____

5. "四舍五入"法取近似值是 6.0 的最大两位小数是_____，最小两位小数_____.

6. 根据我国第七次全国人口普查结果，我国总人口为 14.117 8 亿人，这里的近似数"14.117 8 亿"精确到_____位.

7. 用四舍五入法，下列各数按括号中的要求取近似数：

（1）0.632 8（精确到 0.01）；　　　　（2）7.912 2（精确到个位）；

（3）130.96（精确到十分位）；　　　　（4）46 021（精确到百位）.

基础性作业评价

评价指标	等级			备注
	A	B	C	基础性作业评价表
答题的准确性				A 等：答案正确，过程正确 B 等：答案正确，过程有问题 C 等：答案不正确，过程不完整；答案不正确，过程错误或无过程

（续上表）

基础性作业评价表			
评价指标	等级		备注
	A　B　C		
答题的规范性			A 等：过程规范，答案正确 B 等：过程不够规范、完整，答案正确 C 等：过程不规范或无过程，答案错误
解法的创新性			A 等：解法有新意和独到之处，答案正确 B 等：解法思路有创新，答案不完整或错误 C 等：常规解法，思路不清楚，过程复杂或无过程
综合评价等级			AAA、AAB 综合评价为 A 等；ABB、BBB、AAC 综合评价为 B 等；其余情况综合评价为 C 等

◤ 基础性作业分析与设计意图

第 1~3 题主要考查近似数，增强学生对近似数概念的理解．

第 4~6 题主要考查考查近似数的概念与运用，培养学生的运用意识和能力，提高学生的抽象能力．

第 7 题主要考查近似数，引导学生正确写出近似数，巩固已学知识．

◤ 拓展性作业

1. 车工小王加工生产了两根轴，当他把轴交给质检员验收时，质检员说："不合格，作废！"小王不服气地说："图纸要求轴长精确到 2.80 m，一根为 2.76 m，另一根为 2.82 m，怎么不合格？"

（1）图纸要求精确到 2.80 m，原轴的长度范围是多少？

（2）你认为是小王加工的轴不合格，还是质检员故意刁难？

2. 济南是京沪高铁线路上的重要枢纽城市之一，乘坐"复兴号"从济南到北京最快只需要 1 小时 23 分钟．复兴号最高时速可以达到 400 千米，持续保持速度为 350 千米/小时；"和谐号"最高时速能达到 350 千米，平均时速约 200 千米．"复兴号"最高时速比"和谐号"最高时速高百分之几？（百分号前保留一位小数）

3. 西周的城邑（都城）为正方形规制，《周礼》规定：天子城邑为九里之城，公爵城邑可为七里之城，侯伯爵城邑可为五里之城．若按 1 周尺 ≈ 20 厘米计算，一里为1 800周尺，则九里之城边长约为3 240米．请你根据上面的信息，推算出侯伯爵城邑的实际大小约是多少平方千米？（结果保留一位小数）

拓展性作业评价

拓展性作业评价表				
评价指标	等级			备注
	A	B	C	
答题的准确性				A 等：答案正确，过程正确
				B 等：答案正确，过程有问题
				C 等：答案不正确，过程不完整；答案不正确，过程错误或无过程
答题的规范性				A 等：过程规范，答案正确
				B 等：过程不够规范、完整，答案正确
				C 等：过程不规范或无过程，答案错误
解法的创新性				A 等：解法有新意和独到之处，答案正确
				B 等：解法思路有创新，答案不完整或错误
				C 等：常规解法，思路不清楚，过程复杂或无过程
综合评价等级				AAA、AAB综合评价为A等；ABB、BBB、AAC综合评价为B等；其余情况综合评价为C等

拓展性作业分析与设计意图

第1题主要考查近似数，通过运用近似数的知识点，增强学生对近似数概念的理解和应用意识．

第2~3题主要考查学生对近似数的运用，利用实际问题，发展学生的抽象能力，提高学生的运算能力．

基础性作业参考答案

1. A 2. B 3. A

4.（1）近似数 （2）近似数 （3）近似数 （4）准确数 5. 6.04 5.95

6. 万 7.（1）0.63 （2）8 （3）131.0 （4）4.60×10^4

拓展性作业参考答案

1.（1）2.795~2.804 m （2）不合格 2. 14.3% 3. 3.2 平方千米

单元学业水平质量检测作业

（时间：45 分钟；满分：100 分）

一、选择题（共 6 题，每小题 6 分，共 36 分）

1. 与 -2 的和为 0 的数是（   ）

    A. 2   B. $-\dfrac{1}{2}$ C. $\dfrac{1}{2}$ D. -2

2. 下列算式中，运算结果符号为正的是（   ）

    A. $5+（-6）$ B. $（-7）-（-8）$

    C. $-1.3+（-1.7）$ D. $（-11）-7$

3. 据统计，中国水资源总量约为 27 500 亿立方米，居世界第六位，其中数据 27 500 亿用科学记数法表示为（   ）

    A. 2.75×10^{8} B. 2.75×10^{12} C. 27.5×10^{13} D. 0.275×10^{13}

4. 若 $|m+1|+（n-2）^{2}=0$，则 m^{n} 的值是（   ）

    A. -2 B. 2   C. -1 D. 1

5. 长城、故宫等是我国第一批成功入选世界遗产的文化古迹，长城总长约 21 196.18 千米，将 21 196.18 用科学记数法表示为（   ）

    A. $2.119\ 618\times10^{4}$ B. $2.119\ 618\times10^{6}$

    C. $2.119\ 618\times10^{5}$ D. $0.211\ 961\ 8\times10^{5}$

6. 若 m 是有理数，则 $|m|-m$ 一定是（   ）

    A. 零   B. 非负数   C. 正数   D. 负数

二、填空题（共 4 题，每小题 6 分，共 24 分）

7. $（-3）+（-7）=$ _____ .

8. 将 2 019 000 用科学记数法表示为_____ .

9. $2\times（-3）-4\div（-2）^{2}=$ _____ .

10. 一个小虫在数轴上先向右爬 3 个单位，再向左爬 7 个单位，正好停在 -2 的位置，则小虫的起始位置所表示的数是_____ .

三、解答题（共 5 题，每小题 8 分，共 40 分）

11. 计算：

    （1）$8+（-11）-|-5|$；   （2）$-1^{2}-16\div（-2）\times\dfrac{1}{2}$.

12. 计算:

(1) $16 \div (-2)^3 - \left(-\dfrac{1}{2}\right)^3 \times (-4) + 2.5$;

(2) $(-1)^{2\,019} + |-2^2 + 4| - \left(\dfrac{1}{2} - \dfrac{1}{4} + \dfrac{1}{8}\right) \times (-24)$.

13. 体育课上,老师对全班男同学进行了100米短跑测验,达标成绩为15秒,某小组6名男生的成绩记录分别为 -0.7,$+1$,-1.3,0,-0.6,$+0.4$,其中"$+$"表示成绩大于15秒,"$-$"表示成绩小于15秒.问:

(1) 这个小组中达标成绩最好的同学为多少秒?

(2) 这个小组的平均成绩是多少秒?

14. 最近几年时间,全球的新能源汽车发展迅猛,尤其对于我国来说,新能源汽车产销量大幅增加.小明家新换了一辆新能源纯电汽车,他连续7天记录了每天行驶的路程(如下表).以50千米为标准,多于50千米的记为"$+$",不足50千米的记为"$-$",刚好50千米的记为"0".

	第一天	第二天	第三天	第四天	第五天	第六天	第七天
路程(千米)	-8	-12	-16	0	$+22$	$+31$	$+33$

(1) 请求出小明家的新能源汽车这7天一共行驶了多少千米.

(2) 已知汽油车每行驶100千米需用汽油5.5升,汽油价8.2元/升,而新能源汽车每行驶100千米耗电量为15度,每度电为0.56元,请估计小明家换成新能源汽车后这7天的行驶费用比原来节省了多少钱.

15. 下表是某市机动车道路泊位收费标准:

停车场地等级	白天 (8:00—20:00) (元/辆·小时)	夜间 (20:00—次日8:00) (元/辆)	备注
一级	10		(1) 白天时段停车1小时内按1小时计费,超过1小时后以半小时为计费单位,收费标准相应减半
二级	8	5	
三级	6		(2) 夜间时段内停车,不论时间长短,均按每辆5元计费

（1）某天下午，在社区工作的王阿姨开车去超市（地处二级场地），付了20元停车费．这次购物最多花了多长时间？

（2）当天傍晚，王阿姨又去了社区（地处三级场地）．她把车停在小区外的道路泊车位上，下车时是傍晚6点整，晚上9点20分开车离开．王阿姨这一天一共需要缴纳停车费多少元？

单元学业水平质量检测作业参考答案

一、选择题（共 6 题，每小题 6 分，共 36 分）

1. A　2. B　3. B　4. D　5. A　6. B

二、填空题（共 4 题，每小题 6 分，共 24 分）

7. -10　8. 2.019×10^6　9. -7　10. 2

三、解答题（共 5 题，每小题 8 分，共 40 分）

11.（1）解：原式 $= 8 - 11 - 5$

$$= -3 - 5$$

$$= -8$$

（2）解：原式 $= -1 + 8 \times \dfrac{1}{2}$

$$= -1 + 4$$

$$= 3$$

12.（1）解：原式 $= 16 \div (-8) - \dfrac{1}{8} \times 4 + 2.5$

$$= -2 - 0.5 + 2.5$$

$$= -2.5 + 2.5$$

$$= 0$$

（2）解：原式 $= -1 + 0 + 12 - 6 + 3$

$$= 8$$

13 解：（1）$15 - 1.3 = 13.7$（秒）.

答：这个小组中的达标成绩最好的同学为 13.7 秒.

（2）$15 \times 6 + (-0.7 + 1 - 1.3 + 0 - 0.6 + 0.4)$

$$= 90 + (-1.2)$$

$$= 88.8（秒），$$

$88.8 \div 6 = 14.8$（秒）.

答：这个小组的平均成绩是 14.8 秒.

14. 解：（1）$50 \times 7 + （-8 - 12 - 16 + 0 + 22 + 31 + 33）= 350 + 50 = 400$（千米）.

答：7 天一共行驶了 400 千米.

（2）油车的费用：$5.5 \div 100 \times 400 \times 8.2 = 180.4$（元）.

电车的费用：$15 \div 100 \times 400 \times 0.56 = 33.6$（元）.

改用电车，节省的费用为：$180.4 - 33.6 = 146.8$（元）.

答：这 7 天的行驶费用比原来节省 146.8 元.

15. 解：（1）$（20 - 8）\div 4 \times 0.5 = 12 \div 4 \times 0.5 = 3 \times 0.5 = 1.5$（小时），

$1.5 + 1 = 2.5$（小时）.

答：这次购物最多花了 2.5 小时.

（2）$2 \times 6 + 5 = 12 + 5 = 17$（元），

$20 + 17 = 37$（元）.

答：王阿姨这一天一共需要缴纳停车费 37 元.

进位制的认识与探究

一、单元教材分析

　　"进位制的认识与探究"是七年级上册的第一个综合与实践活动．人类在生产劳动中创造了数字，为了方便读写和计算，逐渐产生了进位制．随着社会发展，记数方法从最初不同的实物记数到符号记数，再到数字记数，最后发展到不同的进位制．进位制在数学发展中占有重要地位．有理数的运算是理解进位制与进位制的转换、运算等的基础．因此，"进位制的认识与探究"融合有理数运算的教学实践，综合运用中华传统文化以及计算机、数学等学科知识，研究进位制的意义、表示、转化、加法运算及其应用等相关问题，以问题解决为导向，探究信息科技背后的数学原理，探索现实生活中不同进位制的数的应用，探究国际数学教育大会会徽的奥秘，挖掘古代灿烂文明和现代科学技术的联系．学生经历文献查阅、合作探究、展示交流等活动过程，体会数学是信息科技发展的有力支撑，发展运算能力、抽象能力、推理能力，逐步养成用数学的眼光观察现实世界的意识与习惯．

二、单元学习与作业目标

（一）单元学习目标

　　（1）通过资料查询、小组交流探究，类比十进制数的意义，认识二进制数、八进制数等进位制数的意义；通过把一个进制数表示成各数位上的数字与基数的幂的乘积之和的形式，理解二进制数、八进制数等与十进制数之间的关系；通过不同进位制的数之间的转换，发展运算能力，提升推理能力；通过问题单等不同任务驱动，提升发现问题、提出问题、分析问题和解决问题的能力．

　　（2）通过小组合作探究，类比十进制数的运算，经历从现实情境与数学情境中发现、归纳不同进位制下加法的运算规律，掌握二进制数的加法运算法则，发展抽象能力，积累归纳运算规律的经验．

　　（3）通过查询资料、收集信息、展示交流，了解计算机等电子设备的存储容量及不同存储单位之间的换算，了解计算机选择二进制的优越性，协同发展信息素养，增强团队合作意识和人际交往能力；感受古人的智慧与现代计算机的关联，体会二进制的神奇奥秘，激发探究兴趣，养成求真务实的科学态度．

　　（4）经历交流讨论国际数学教育大会会徽特点的过程，尝试解读会徽中的记数符号，体会数学文化元素，提升应用意识和创新意识．

（二）单元作业目标

1. 第一课时"认识进位制，探究不同进位制的数之间的转换"作业目标

学生通过作业练习加深对进位制的理解，体会不同进位制的数之间的转换方法，掌握进位制的意义，发展推理和运算能力．

2. 第二课时"探究进制数的加法运算"作业目标

学生通过作业练习掌握进制数的加法运算原理，通过运算继续深化进位制的转换原理，发展抽象能力，提升运算能力．

3. 第三课时"主题研究"作业目标

学生通过作业练习总结主题研究的方法，提升解决问题的方法，形成研究报告撰写和成果汇报的一般思路．

三、单元课时作业

第一课时　认识进位制，探究不同进位制的数之间的转换

◤ 课时目标

学生通过作业练习加深对进位制的理解，体会不同进位制的数之间的转换方法，掌握进位制的意义，发展推理和运算能力．

◤ 课时重难点

课时重点：认识进位制，探究不同进位制的数之间的转换．

课时难点：不同进位制的数之间的转换．

◤ 作业时长

基础性作业 10 分钟，拓展性作业 8 分钟，合计 18 分钟．

◤ 作业类型

☑个性化作业　☑分层作业　□开放性作业　☑探究性作业

□项目式作业　□跨学科作业　□综合与实践作业

基础性作业

1. 请将二进制数 110 010 转换为十进制数.

2. 同学们，如果我们班级（101 班）看作十进制，那么，请将 101 转换为二进制数和八进制数.

3. 我国古书《易经》中记载，远古时期，人们通过在绳子上打结来记录数量，即"结绳计数"．如右图，浔浔在从右到左依次排列的绳子上打结，满七进一，用来记录立志为中考奋斗后努力的天数，由图可知，浔浔努力的天数是（　　）

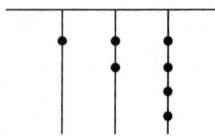

    A. 124 天　　　　　B. 469 天　　　　　C. 67 天　　　　　D. 210 天

基础性作业评价

基础性作业评价表				
评价指标	等级			备注
	A	B	C	
答题的准确性				A 等：答案正确，过程正确 B 等：答案正确，过程有问题 C 等：答案不正确，过程不完整；答案不正确，过程错误或无过程
答题的规范性				A 等：过程规范，答案正确 B 等：过程不够规范、完整，答案正确 C 等：过程不规范或无过程，答案错误
解法的创新性				A 等：解法有新意和独到之处，答案正确 B 等：解法思路有创新，答案不完整或错误 C 等：常规解法，思路不清楚，过程复杂或无过程
综合评价等级				AAA、AAB 综合评价为 A 等；ABB、BBB、AAC 综合评价为 B 等；其余情况综合评价为 C 等

基础性作业分析与设计意图

第 1 题主要考查学生对二进制数转换为十进制数的理解和运用情况.

第 2 题主要考查学生对十进制数转换为二进制数、八进制数的理解和运用，加深学生对进位制之间转换方法的掌握.

　　第 3 题主要考查七进制数的运用，加深学生对进位制的理解，提升学生的知识迁移能力.

拓展性作业

1. 【阅读理解】

我们通常学习的数都是十进制数，使用的数码共有 10 个：0、1、2、3、4、5、6、7、8、9，表示具体数时采用"逢十进一"的原则，比如：$4\,123 = 4 \times 10^3 + 1 \times 10^2 + 2 \times 10^1 + 3 \times 10^0$，（这里我们规定：$a \neq 0$ 时，$a^0 = 1$），又如：$\dfrac{1}{8} = 0.125 = 1 \times \dfrac{1}{10} + 2 \times \dfrac{1}{10^2} + 5 \times \dfrac{1}{10^3}$. 而现代的计算机和依赖计算机的设备都使用二进制数，用到的数码只有两个：0 和 1，表示具体数时"逢二进一". 二进制数和十进制数可以互相转化，二进制数的运算也和十进制数的运算类似.

　　①我们可以把十进制整数转化成二进制整数. 比如：$103 = 1 \times 2^6 + 1 \times 2^5 + 0 \times 2^4 + 0 \times 2^3 + 1 \times 2^2 + 1 \times 2^1 + 1 \times 2^0$，所以 103 用二进制数码表示是 $1\,100\,111$，记为 $103 = (1\,100\,111)_2$.

　　②也可以把十进制分数或者小数转化为二进制小数，比如：$0.125 = \dfrac{1}{8} = 0 \times \dfrac{1}{2} + 0 \times \dfrac{1}{2^2} + 1 \times \dfrac{1}{2^3}$，所以 $\dfrac{1}{8}$ 可以表示成二进制小数 $(0.001)_2$，记为 $\dfrac{1}{8} = (0.001)_2$.

这里还可以把分子 1 和分母 8 都转化为二进制数，在二进制下用分子除以分母得到 $\dfrac{1}{8}$ 的二进制小数表示：

由于 $1 = (1)_2$，$8 = (1\,000)_2$，所以 $\dfrac{1}{8} = \dfrac{(1)_2}{(1\,000)_2}$，而 $\dfrac{(1)_2}{(1\,000)_2} = (1)_2 \div (1\,000)_2$ 可以类比十进制数一样做除法，只是商和余数都只能是 0 或 1：
$(1\,000)_2 \overline{)1.000}^{\,0.001}$，所以 $\dfrac{1}{8} = (0.001)_2$.
$\underline{1\,000}$
0

【问题解决】

（1）将十进制数 35 化成二进制数为：_____. 二进制小数 $(0.101)_2$ 化为十进制分数是_____.

（2）将十进制分数化成二进制小数：$\dfrac{1}{16}$ = （_____）$_2$.

（3）将十进制分数化成二进制小数，$\dfrac{5}{32}$ = _____ + _____ = （_____）$_2$.

拓展性作业评价

拓展性作业评价表			
评价指标	等级		备注
	A	B	C	

评价指标	A	B	C	备注
答题的准确性				A 等：答案正确，过程正确 B 等：答案正确，过程有问题 C 等：答案不正确，过程不完整；答案不正确，过程错误或无过程
答题的规范性				A 等：过程规范，答案正确 B 等：过程不够规范、完整，答案正确 C 等：过程不规范或无过程，答案错误
解法的创新性				A 等：解法有新意和独到之处，答案正确 B 等：解法思路有创新，答案不完整或错误 C 等：常规解法，思路不清楚，过程复杂或无过程
综合评价等级				AAA、AAB 综合评价为 A 等；ABB、BBB、AAC 综合评价为 B 等；其余情况综合评价为 C 等

拓展性作业分析与设计意图

第 1 题主要考查学生对进位制之间转换方法的掌握情况，要求学生理解运用进位制之间转换解决小数的进位制转换问题，提高综合运用能力.

基础性作业参考答案

1.50　2.（1 100 101）$_2$，（145）$_8$　3. C

拓展性作业参考答案

1.（1）（100 011）$_2$　$\dfrac{5}{8}$　（2）0.000 1　（3）$\dfrac{1}{8}$　$\dfrac{1}{32}$　0.001 01

第二课时　探究进制数的加法运算

课时目标

学生通过作业练习掌握进制数的加法运算原理，通过运算继续深化进位制的转换原理，发展抽象能力，提升运算能力．

课时重难点

课时重点：探究进制数的加法运算法则．

课时难点：探究进制数的加法运算法则．

作业时长

基础性作业 10 分钟，拓展性作业 10 分钟，合计 20 分钟．

作业类型

☑个性化作业　☑分层作业　☐开放性作业　☑探究性作业
☐项目式作业　☐跨学科作业　☑综合与实践作业

基础性作业

1. 将你自己的座位号加上你同桌的座位号所得的和转换为二进制数．

2. 计算 $(1\ 101)_2 + (111)_2$，结果用十进制表示．

3. 远古美索不达米亚人创造了一套以六十进制为主的楔形文记数系统，对于大于 59 的数，美索不达米亚人则采用六十进制的位值记法，位置的区分是靠在不同楔形记号组之间留空，例如：𒐖𒐏𒐕，左边的 𒐖 表示 2×60^2，中间的 𒐏 表示 3×60，右边的 𒐕 表示 1 个单位，用十进制写出来是 7 381. 若楔形文字记数 𒐕𒐏𒐏，则表示十进制的数为（　　　）

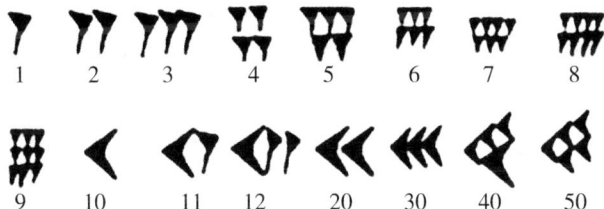

1	2	3	4	5	6	7	8
9	10	11	12	20	30	40	50

　　A. 4 203　　　　　B. 3 603　　　　　C. 3 723　　　　　D. 4 403

◤ **基础性作业评价**

<table>
<tr><th colspan="5">基础性作业评价表</th></tr>
<tr><td rowspan="2">评价指标</td><td colspan="3">等级</td><td rowspan="2">备注</td></tr>
<tr><td>A</td><td>B</td><td>C</td></tr>
<tr><td>答题的准确性</td><td></td><td></td><td></td><td>A 等：答案正确，过程正确
B 等：答案正确，过程有问题
C 等：答案不正确，过程不完整；答案不正确，过程错误或无过程</td></tr>
<tr><td>答题的规范性</td><td></td><td></td><td></td><td>A 等：过程规范，答案正确
B 等：过程不够规范、完整，答案正确
C 等：过程不规范或无过程，答案错误</td></tr>
<tr><td>解法的创新性</td><td></td><td></td><td></td><td>A 等：解法有新意和独到之处，答案正确
B 等：解法思路有创新，答案不完整或错误
C 等：常规解法，思路不清楚，过程复杂或无过程</td></tr>
<tr><td>综合评价等级</td><td></td><td></td><td></td><td>AAA、AAB 综合评价为 A 等；ABB、BBB、AAC 综合评价为 B 等；其余情况综合评价为 C 等</td></tr>
</table>

◤ **基础性作业分析与设计意图**

第 1～2 题主要考查学生掌握进制数的加法运算原理的情况，继续深化进位制的转换原理．

第 3 题主要考查学生阅读理解六十进制的掌握情况，加强学生对不同进位制的了解．

◤ **拓展性作业**

1. 请利用进位制数的加法运算填空：$(121)_3 + (32)_4 = $ _____ $ = ($ _____ $)_2$．

2. 收集八卦符号，了解十二进制、十六进制的由来．

拓展性作业评价

拓展性作业评价表				
评价指标	等级			备注
	A	B	C	
答题的准确性				A 等：答案正确，过程正确 B 等：答案正确，过程有问题 C 等：答案不正确，过程不完整；答案不正确，过程错误或无过程
答题的规范性				A 等：过程规范，答案正确 B 等：过程不够规范、完整，答案正确 C 等：过程不规范或无过程，答案错误
解法的创新性				A 等：解法有新意和独到之处，答案正确 B 等：解法思路有创新，答案不完整或错误 C 等：常规解法，思路不清楚，过程复杂或无过程
综合评价等级				AAA、AAB 综合评价为 A 等；ABB、BBB、AAC 综合评价为 B 等；其余情况综合评价为 C 等

拓展性作业分析与设计意图

第 1~2 题以趣味性的方式让学生强化加法运算，发展探究能力和抽象能力，提升学生的运算能力.

基础性作业参考答案

1.（答案不唯一）　2.20　3.A

拓展性作业参考答案

1.30　11 110　2.（略）

第三课时　主题研究

课时目标

学生通过作业练习总结主题研究的方法，提升解决问题的方法，形成研究报告撰写和成果汇报的一般思路.

课时重难点

课时重点：进位制的主题研究.

课时难点：形成主题研究方法、研究报告撰写和成果汇报的一般思路.

作业时长

基础性作业 8 分钟，拓展性作业 10 分钟，合计 18 分钟.

作业类型

☑个性化作业　☑分层作业　□开放性作业　☑探究性作业
□项目式作业　□跨学科作业　☑综合与实践作业

基础性作业

1. 计算机中常用的十六进制是逢 16 进 1 的计数制，采用数字 0~9 和字母 A~F 共 16 个计数符号，这些符号与十进制的数的对应关系如下表：

十六进制	0	1	2	3	4	5	6	7	8	9	A	B	C	D	E	F
十进制	0	0	0	3	4	5	6	7	8	9	10	11	12	13	14	15

例如：用十六进制表示 $E + D = 1B$，用十进制表示也就是 $13 + 14 = 1 \times 16 + 11$，则用十六进制表示 $A \times B = ($ 　　$)$

　　A. 6E　　　　　　B. 72　　　　　　C. 5F　　　　　　D. B0

2. 规定十五进制是逢 15 进 1 的计数制，采用数字 0~9 和字母 A~E 共 15 个计数符号，这些记数符号与十进制的数之间的对应关系如下表：

十五进制	0	1	2	3	4	5	6	7	8	9	A	B	C	D	E
十进制	0	1	2	3	4	5	6	7	8	9	10	11	12	13	14

例如：十进制中的 $26 = 20 + 6$，可用十五进制表示为 1B；在十五进制中，$E + D = 1C$ 等. 由上可知，在十五进制中，$3 \times B = ($ 　　$)$

　　A. 23　　　　　　B. 1E　　　　　　C. E1　　　　　　D. 3B

基础性作业评价

基础性作业评价表				
评价指标	等级			备注
	A	B	C	
答题的准确性				A 等：答案正确，过程正确 B 等：答案正确，过程有问题 C 等：答案不正确，过程不完整；答案不正确，过程错误或无过程
答题的规范性				A 等：过程规范，答案正确 B 等：过程不够规范、完整，答案正确 C 等：过程不规范或无过程，答案错误
解法的创新性				A 等：解法有新意和独到之处，答案正确 B 等：解法思路有创新，答案不完整或错误 C 等：常规解法，思路不清楚，过程复杂或无过程
综合评价等级				AAA、AAB 综合评价为 A 等；ABB、BBB、AAC 综合评价为 B 等；其余情况综合评价为 C 等

基础性作业分析与设计意图

第 1~2 题主要考查学生对十六进制和十五进制的理解与运用，进一步掌握进位制原理．

拓展性作业

1. 总结综合与实践活动的研究报告的一般流程．

2. 将本次"综合与实践"三个课时所学内容归纳总结，绘制成数学思维导图或手抄报．

拓展性作业评价

评价指标	等级			备注
	A	B	C	
答题的准确性				A 等：答案正确，过程正确
				B 等：答案正确，过程有问题
				C 等：答案不正确，过程不完整；答案不正确，过程错误或无过程
答题的规范性				A 等：过程规范，答案正确
				B 等：过程不够规范、完整，答案正确
				C 等：过程不规范或无过程，答案错误
解法的创新性				A 等：解法有新意和独到之处，答案正确
				B 等：解法思路有创新，答案不完整或错误
				C 等：常规解法，思路不清楚，过程复杂或无过程
综合评价等级				AAA、AAB 综合评价为 A 等；ABB、BBB、AAC 综合评价为 B 等；其余情况综合评价为 C 等

（拓展性作业评价表）

拓展性作业分析与设计意图

第 1~2 题以总结归纳的方式让学生整理本次活动，让学生形成良好的数学学习习惯.

基础性作业参考答案

1. A　2. A

拓展性作业参考答案

1.（略）　2.（略）

代数式

一、单元教材分析

"代数式"是"数与代数"领域"数与式"主题中的主要内容之一. 列代数式表示数量关系既是从数到式的推广，也是学习整式、一元一次方程的基础，具有承上启下的作用. 本单元内容包括列代数式表示数量关系和代数式的值，先通过用含有字母的数学式子表达现实情境中的数量和数量关系，得到代数式的概念，再介绍列代数式表示具体问题中的简单数量关系，进而描述反比例关系，最后通过求代数式的值解决具体问题. 在这一过程中，渗透从特殊到一般、从一般到特殊的思想，提升学生的抽象能力、运算能力和应用意识.

二、单元学习与作业目标

（一）单元学习目标

（1）经历从对现实情境中数量关系的表达，抽象出代数式、反比例关系概念的过程，了解代数式，了解反比例关系，进一步理解用字母表示数的意义，发展抽象能力.

（2）能分析具体问题中简单的数量关系，并用代数式表示，能根据特定的问题查阅资料，找到所需的公式，提升应用意识.

（3）经历用代数式解决简单问题的过程，能把具体数代入代数式求值，发展运算能力.

（二）单元作业目标

1. 第一课时"列代数式表示数量关系（第1课时）"作业目标

（1）借助现实情境了解代数式，进一步理解用字母表示数的意义.

（2）经历用代数式表示简单实际问题中的数量关系的过程，体会从特殊（具体）到一般（抽象）的认识过程，提高抽象能力.

2. 第二课时"列代数式表示数量关系（第2课时）"作业目标

（1）在现实情境中，列代数式表示数量之间的关系.

（2）经历用代数式表示实际问题中的数量关系的过程，体会从特殊到一般的认识过程，提高抽象能力.

3. 第三课时"列代数式表示数量关系（第3课时）"作业目标

（1）借助实际情境了解成反比例的量、反比例关系的概念，能用式子表示实际问题中的反比例关系.

（2）经历用式子表示实际问题中的反比例关系的过程，体会从特殊到一般的认识过程，提高抽象能力.

4. 第四课时"代数式的值（第 1 课时）"作业目标

（1）在现实情境中，进一步掌握列代数式表示数量之间的关系，再求代数式的值.

（2）经历用代数式的值表示实际问题中的结果的过程，体会从一般到特殊的认识过程，提高思维能力.

5. 第五课时"代数式的值（第 2 课时）"作业目标

（1）在现实情境中，进一步掌握求代数式的值的意义，明白公式对数量关系的意义.

（2）经历用代入求值表示实际问题中的结果的过程，体会从一般到特殊的认识过程，进一步提高思维能力.

三、单元课时作业

第一课时　列代数式表示数量关系（第 1 课时）

▰ 课时目标

（1）借助现实情境了解代数式，进一步理解用字母表示数的意义.

（2）经历用代数式表示简单实际问题中的数量关系的过程，体会从特殊（具体）到一般（抽象）的认识过程，提高抽象能力.

▰ 课时重难点

课时重点：用字母表示数，列代数式表示简单数量关系.

课时难点：正确分析简单实际问题中的数量关系，并用代数式表示数量关系.

▰ 作业时长

基础性作业 10 分钟，拓展性作业 8 分钟，合计 18 分钟.

▰ 作业类型

☑个性化作业　☑分层作业　□开放性作业　□探究性作业

□项目式作业　□跨学科作业　□综合与实践作业

◤ **基础性作业**

1. 在 π，x^2+2，$1-2x=0$，ab，$a>3$，0，$\dfrac{1}{a}$ 中，代数式有（　　）

　　A. 6 个　　　　　　B. 5 个　　　　　　C. 4 个　　　　　　D. 3 个

2. 下列各式中，是代数式的有（　　）

①$3xy^2$；②$2\pi r$；③$S=\pi r^2$；④b；⑤$5+1>2$；⑥$\dfrac{ab}{2}$.

　　A. 3 个　　　　　　B. 4 个　　　　　　C. 5 个　　　　　　D. 6 个

3. 下列式子中，符合代数式书写格式的有（　　）

①$m\times n$；②$3\dfrac{1}{3}ab$；③$\dfrac{1}{4}(x+y)$；④$m+2$ 天；⑤abc^3.

　　A. 2 个　　　　　　B. 3 个　　　　　　C. 4 个　　　　　　D. 5 个

4. 下列式子中，书写正确的是（　　）

　　A. $2\dfrac{1}{3}a$　　　　B. $x2y$　　　　C. $-\dfrac{1}{2}ab$　　　　D. $x+10$ 米

5. 下列四个叙述，正确的是（　　）

　　A. $3x$ 表示 3 与 x 的和　　　　　　　　B. $3x+5$ 表示 3 个 x 与 5 的和

　　C. x^2 表示 2 个 x 的和　　　　　　　　D. $3x^2$ 表示 $3x$ 与 $3x$ 的积

◤ **基础性作业评价**

基础性作业评价表				
评价指标	等级			备注
	A	B	C	
答题的准确性				A 等：答案正确，过程正确 B 等：答案正确，过程有问题 C 等：答案不正确，过程不完整；答案不正确，过程错误或无过程
答题的规范性				A 等：过程规范，答案正确 B 等：过程不够规范、完整，答案正确 C 等：过程不规范或无过程，答案错误
解法的创新性				A 等：解法有新意和独到之处，答案正确 B 等：解法思路有创新，答案不完整或错误 C 等：常规解法，思路不清楚，过程复杂或无过程
综合评价等级				AAA、AAB 综合评价为 A 等；ABB、BBB、AAC 综合评价为 B 等；其余情况综合评价为 C 等

基础性作业分析与设计意图

第 1~4 题主要考查代数式的概念，加强学生对代数式的理解.

第 5 题主要考查用代数式的意义.

拓展性作业

1. 在式子 $n-3$、a^2b、$m+s\leq 2$、x、$-ah$、$s=ab$ 中，代数式的个数有（　　）

　　A. 6 个　　　　　　B. 5 个　　　　　　C. 4 个　　　　　　D. 3 个

2. 下列代数式中符合书写要求的是（　　）

　　A. $\dfrac{a^2b}{4}$　　　　B. $2\dfrac{1}{3}cba$　　　　C. $a\times b\div c$　　　　D. $ayz3$

3. 某商店促销的方法是将原价 x 元的衣服以（$0.8x-10$）元出售，意思是（　　）

　　A. 原价减去 10 元后再打 8 折　　　　B. 原价打 8 折后再减去 10 元

　　C. 原价减去 10 元后再打 2 折　　　　D. 原价打 2 折后再减去 10 元

拓展性作业评价

拓展性作业评价表				
评价指标	等级			备注
	A	B	C	
答题的准确性				A 等：答案正确，过程正确
				B 等：答案正确，过程有问题
				C 等：答案不正确，过程不完整；答案不正确，过程错误或无过程
答题的规范性				A 等：过程规范，答案正确
				B 等：过程不够规范、完整，答案正确
				C 等：过程不规范或无过程，答案错误
解法的创新性				A 等：解法有新意和独到之处，答案正确
				B 等：解法思路有创新，答案不完整或错误
				C 等：常规解法，思路不清楚，过程复杂或无过程
综合评价等级				AAA、AAB 综合评价为 A 等；ABB、BBB、AAC 综合评价为 B 等；其余情况综合评价为 C 等

▰ **拓展性作业分析与设计意图**

第 1~2 题主要考查代数式的概念，加强学生对代数式的理解.

第 3 题主要考查用代数式的意义.

▰ **基础性作业参考答案**

1. B　2. B　3. A　4. C　5. B

▰ **拓展性作业参考答案**

1. C　2. A　3. B

第二课时　列代数式表示数量关系（第 2 课时）

▰ **课时目标**

（1）在现实情境中，列代数式表示数量之间的关系.

（2）经历用代数式表示实际问题中的数量关系的过程，体会从特殊到一般的认识过程，提高抽象能力.

▰ **课时重难点**

课时重点：列代数式表示数量关系.

课时难点：列代数式表示数量之间的关系.

▰ **作业时长**

基础性作业 10 分钟，拓展性作业 10 分钟，合计 20 分钟.

▰ **作业类型**

☑个性化作业　☑分层作业　☐开放性作业　☐探究性作业

☐项目式作业　☐跨学科作业　☐综合与实践作业

▰ **基础性作业**

1. 某地居民生活用水收费标准：每月用水量不超过 17 立方米，每立方米 a 元；超过部分每立方米（$a+1.2$）元. 该地区某用户上月用水量为 20 立方米，则应缴水费为（　　）

  A. $20a$ 元　　　　　　　　　B. （$20a+1.2$）元

  C. （$17a+3.6$）元　　　　　　D. （$20a+3.6$）元

2. 用代数式表示"m 的 3 倍与 n 的差的平方"，正确的是（　　）

　　A．$(3m-n)^2$　　B．$3(m-n)^2$　　C．$3m-n^2$　　D．$(m-3n)^2$

3. 用代数式表示"a 的 2 倍与 3 的和"，下列表示正确的是（　　）

　　A．$2a-3$　　B．$2a+3$　　C．$2(a-3)$　　D．$2(a+3)$

4. 一个两位数的十位数字为 a，个位数字为 b，那么这个两位数可以表示为（　　）

　　A．$10ab$　　　　B．$10a+b$　　　　C．$10b+a$　　　　D．ab

5. 苹果的单价为 a 元/千克，香蕉的单价为 b 元/千克，买 2 千克苹果和 3 千克香蕉共需（　　）

　　A．$(a+b)$ 元　　　　　　　　　B．$(3a+2b)$ 元

　　C．$5(a+b)$ 元　　　　　　　　D．$(2a+3b)$ 元

6. 用代数式表示：

（1）m 的 3 倍与 m 的平方的差；

（2）x 的 $\dfrac{1}{4}$ 与 y 的差的 $\dfrac{1}{4}$；

（3）甲数 a 与乙数 b 的差除以甲、乙两数的积．

◤ **基础性作业评价**

基础性作业评价表				
评价指标	等级			备注
	A	B	C	
答题的准确性				A 等：答案正确，过程正确 B 等：答案正确，过程有问题 C 等：答案不正确，过程不完整；答案不正确，过程错误或无过程
答题的规范性				A 等：过程规范，答案正确 B 等：过程不够规范、完整，答案正确 C 等：过程不规范或无过程，答案错误
解法的创新性				A 等：解法有新意和独到之处，答案正确 B 等：解法思路有创新，答案不完整或错误 C 等：常规解法，思路不清楚，过程复杂或无过程
综合评价等级				AAA、AAB 综合评价为 A 等；ABB、BBB、AAC 综合评价为 B 等；其余情况综合评价为 C 等

基础性作业分析与设计意图

第 1~6 题主要考查学生能否根据运算法则以及实际问题熟练地列出代数式，用代数式表示实际问题中的关系.

拓展性作业

1. 边长为 m 的正方形，它的面积可以表示为_____，另一个边长比它大 1 的正方形的面积可以表示为_____.

2. 在一场 NBA 篮球比赛中，某运动员共投中 a 个 3 分球，b 个 3 分球，还通过罚球得到 9 分. 在这场比赛中，该运动员一共得了_____分（用含 a，b 的代数式表示）.

3. 用字母表示下列数：

（1）x 的 $\dfrac{1}{4}$ 与 y 的倒数的和；

（2）a，b 两数之积与 a，b 两数之和的差；

（3）a，b 的差除以 a 与 6 的积的商；

（4）x 的 36% 与 y 的平方的差.

拓展性作业评价

拓展性作业评价表				
评价指标	等级			备注
	A	B	C	
答题的准确性				A 等：答案正确，过程正确
				B 等：答案正确，过程有问题
				C 等：答案不正确，过程不完整；答案不正确，过程错误或无过程
答题的规范性				A 等：过程规范，答案正确
				B 等：过程不够规范、完整，答案正确
				C 等：过程不规范或无过程，答案错误
解法的创新性				A 等：解法有新意和独到之处，答案正确
				B 等：解法思路有创新，答案不完整或错误
				C 等：常规解法，思路不清楚，过程复杂或无过程

（续上表）

拓展性作业评价表			
评价指标	等级		备注
	A　B　C		
综合评价等级			AAA、AAB 综合评价为 A 等；ABB、BBB、AAC 综合评价为 B 等；其余情况综合评价为 C 等

拓展性作业分析与设计意图

第 1~3 题主要考查学生能否根据运算法则以及实际问题熟练地列出代数式，用代数式表示实际问题中的关系.

基础性作业参考答案

1. D　2. A　3. B　4. B　5. D

6. （1）$3m - m^2$　　（2）$\dfrac{1}{4}\left(\dfrac{1}{4}x - y\right)$　　（3）$\dfrac{a-b}{ab}$

拓展性作业参考答案

1. m^2　　$(m+1)^2$　　2. $(2a + 3b + 9)$

3. （1）$\dfrac{x}{4} + \dfrac{1}{y}$　　（2）$ab - (a+b)$　　（3）$\dfrac{a-b}{6a}$　　（4）$36\% x - y^2$

第三课时　列代数式表示数量关系（第 3 课时）

课时目标

（1）借助实际情境了解成反比例的量、反比例关系的概念，能用式子表示实际问题中的反比例关系.

（2）经历用式子表示实际问题中的反比例关系的过程，体会从特殊到一般的认识过程，提高抽象能力.

课时重难点

课时重点：列代数式表示成反比例关系的量、反比例关系的概念.

课时难点：用式子表示实际问题中的反比例关系.

作业时长

基础性作业 8 分钟，拓展性作业 7 分钟，合计 15 分钟．

作业类型

☑个性化作业　□分层作业　□开放性作业　☑探究性作业

□项目式作业　□跨学科作业　□综合与实践作业

基础性作业

1. 下列各数量关系中，成反比例关系的是（　　　）

　A. 全班人数一定，出勤人数和缺勤人数

　B. 运送一批货物，每天运的吨数和需要的天数

　C. 单价一定，买的数量和总价

　D. 出油率一定，花生油的质量与花生的质量

2. 下列关系中，成反比例关系的是（　　　）

　A. 圆的面积 S 与它的半径 r 之间的关系

　B. 用频率估计概率时，概率 P 与频率 p 的关系

　C. 电压 U 一定时，电流 I 与电阻 R 之间的关系

　D. 小明的身高 h 与年龄 x 之间的关系

3. 下列各对相关联的量中，不成反比例关系的是（　　　）

　A. 车间计划加工 800 个零件，加工时间与每天加工的零件个数

　B. 社团共有 50 名学生，按各组人数相等的要求分组，组数与每组的人数

　C. 圆柱的体积为 6 m^3，圆柱的底面积与高

　D. 计划用 100 元购买苹果和香蕉两种水果，购买苹果的金额与购买香蕉的金额

4. 力 F 作用于物体，产生的压强 P 与物体受力面积 S 之间满足关系式 $F = PS$，当 F 一定时，根据下表可以判断 a 和 b 的大小关系为（　　　）

S（m^2）	5	20	30	40	60
P（Pa）	800		a		b

　A. $a > b$　　　　　　B. $a \geqslant b$　　　　　　C. $a < b$　　　　　　D. $a \leqslant b$

5. 水池中有若干吨水，开一个出水口将全池水放光，所用时间 t（单位：h）与出水的速度 v（单位：t/h）之间的关系如下表：

出水的速度 v（t/h）	10	8	5	4	2	⋯
时间 t（h）	1	1.25	2	2.5	5	⋯

用式子表示 t 与 v 的关系式_____．

基础性作业评价

基础性作业评价表				
评价指标	等级			备注
	A	B	C	
答题的准确性				A 等：答案正确，过程正确 B 等：答案正确，过程有问题 C 等：答案不正确，过程不完整；答案不正确，过程错误或无过程
答题的规范性				A 等：过程规范，答案正确 B 等：过程不够规范、完整，答案正确 C 等：过程不规范或无过程，答案错误
解法的创新性				A 等：解法有新意和独到之处，答案正确 B 等：解法思路有创新，答案不完整或错误 C 等：常规解法，思路不清楚，过程复杂或无过程
综合评价等级				AAA、AAB 综合评价为 A 等；ABB、BBB、AAC 综合评价为 B 等；其余情况综合评价为 C 等

基础性作业分析与设计意图

第 1~5 题主要考查列代数式表示成反比例关系的量、反比例关系的概念．

拓展性作业

1. 下面几组相关联的量中，成反比例关系的是（　　）

   A. 读一本书，已读的页数与未读的页数

   B. 小明的年龄和妈妈的年龄

   C. 班级的出勤率一定，出勤人数和总人数

   D. 平行四边形的面积一定，它的底和高

2. 小明到眼镜店调查了眼镜片度数和镜片焦距的关系如下表：

眼镜片度数 y（度）	400	625	800	1 000	…	1 250
镜片焦距 x（厘米）	25	16	12.5	10	…	8

（1）根据上表体现出来的规律，请写出眼镜度数 y（度）与镜片焦距 x（厘米）之间的关系式；

（2）若小明所戴眼镜片度数为 500 度，求该镜片的焦距．

拓展性作业评价

拓展性作业评价表			
评价指标	等级		备注
	A	B	C	

评价指标	A	B	C	备注
答题的准确性				A 等：答案正确，过程正确 B 等：答案正确，过程有问题 C 等：答案不正确，过程不完整；答案不正确，过程错误或无过程
答题的规范性				A 等：过程规范，答案正确 B 等：过程不够规范、完整，答案正确 C 等：过程不规范或无过程，答案错误
解法的创新性				A 等：解法有新意和独到之处，答案正确 B 等：解法思路有创新，答案不完整或错误 C 等：常规解法，思路不清楚，过程复杂或无过程
综合评价等级				AAA、AAB 综合评价为 A 等；ABB、BBB、AAC 综合评价为 B 等；其余情况综合评价为 C 等

拓展性作业分析与设计意图

第 1 题主要考查成反比例关系的概念．

第 2 题主要考查用代数式表示反比例关系．

基础性作业参考答案

1. B   2. C   3. D   4. A   5. $t = \dfrac{10}{v}$

◤ **拓展性作业参考答案**

1. D　2.（1）$y = \dfrac{10\,000}{x}$　　（2）20 厘米

第四课时　代数式的值（第 1 课时）

◤ **课时目标**

（1）在现实情境中，进一步掌握列代数式表示数量之间的关系，再求代数式的值．

（2）经历用代数式的值表示实际问题中的结果的过程，体会从一般到特殊的认识过程，提高思维能力．

◤ **课时重难点**

课时重点：在进一步掌握列代数式表示数量之间的关系后，再求代数式的值．

课时难点：用代入法代数式的值．

◤ **作业时长**

基础性作业 8 分钟，拓展性作业 10 分钟，合计 18 分钟．

◤ **作业类型**

☑个性化作业　☑分层作业　□开放性作业　☑探究性作业
□项目式作业　□跨学科作业　□综合与实践作业

◤ **基础性作业**

1. 当 $m = -1$ 时，代数式 $m + 3$ 的值是（　　）

　　A. -1　　　　B. 0　　　　C. 1　　　　D. 2

2. 设 a 是最大的负整数，b 是绝对值最小的有理数，c 是最小的正整数，则 $b - c + a$ 的值是（　　）

　　A. 2　　　　B. 1　　　　C. -1　　　　D. -2

3. 已知 a、b 互为相反数，c、d 互为倒数，则代数式 $2(a + b) - 3cd$ 的值为（　　）

　　A. 2　　　　B. -3　　　　C. -1　　　　D. 0

4. 已知 $|3x-6| + (y+3)^2 = 0$，则 $3x+2y$ 的值是_____．

5. 求下列代数式的值：

（1）当 $x = \dfrac{1}{2}$ 时，$y = -3$ 时，求代数式 $16x^2 + y$ 的值；

（2）当 $a = 2$，$b = -1$，$c = 3$ 时，求代数式 $\dfrac{c - b^2}{2a + b}$ 的值．

基础性作业评价

基础性作业评价表				
评价指标	等级			备注
	A	B	C	
答题的准确性				A 等：答案正确，过程正确 B 等：答案正确，过程有问题 C 等：答案不正确，过程不完整；答案不正确，过程错误或无过程
答题的规范性				A 等：过程规范，答案正确 B 等：过程不够规范、完整，答案正确 C 等：过程不规范或无过程，答案错误
解法的创新性				A 等：解法有新意和独到之处，答案正确 B 等：解法思路有创新，答案不完整或错误 C 等：常规解法，思路不清楚，过程复杂或无过程
综合评价等级				AAA、AAB 综合评价为 A 等；ABB、BBB、AAC 综合评价为 B 等；其余情况综合评价为 C 等

基础性作业分析与设计意图

第 1 题主要考查求代数式的值，提高学生的运算能力．

第 2～3 题主要考查用字母表示数及求代数式的值，提高学生的运算能力．

第 4～5 题主要考查学生求代数式的值的综合能力，提高学生的运算能力．

拓展性作业

1. 若 $a - b = 2$，则代数式 $1 + 2a - 2b$ 的值是_____．

2. 若代数式 $a^2 + 2a$ 的值为 6，则代数式 $2a^2 + 4a$ 的值为_____．

3. 已知 $2x + 3y = 0$，求下列代数式的值：

(1) $\dfrac{5x+4y}{3x-2y}$;　　(2) $\dfrac{x^2+xy-y^2}{x^2-xy+y^2}$.

4. 下图是计算机某计算程序，若开始输入 $x = -2$，则最后输出的结果是_____.

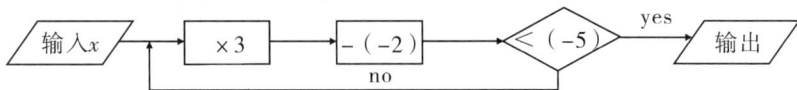

拓展性作业评价

	拓展性作业评价表			
评价指标	等级			备注
	A	B	C	
答题的准确性				A 等：答案正确，过程正确 B 等：答案正确，过程有问题 C 等：答案不正确，过程不完整；答案不正确，过程错误或无过程
答题的规范性				A 等：过程规范，答案正确 B 等：过程不够规范、完整，答案正确 C 等：过程不规范或无过程，答案错误
解法的创新性				A 等：解法有新意和独到之处，答案正确 B 等：解法思路有创新，答案不完整或错误 C 等：常规解法，思路不清楚，过程复杂或无过程
综合评价等级				AAA、AAB 综合评价为 A 等；ABB、BBB、AAC 综合评价为 B 等；其余情况综合评价为 C 等

拓展性作业分析与设计意图

第 1~3 题主要考查通过已知式子的值求代数式的值.

第 4 题主要考查计算程序框图，增强学生的学习兴趣.

基础性作业参考答案

1. D　2. D　3. B　4. 0　5.（1）1　　（2）$\dfrac{2}{3}$

拓展性作业参考答案

1. 5　2. 13　3.（1）$\dfrac{7}{13}$　（2）$-\dfrac{1}{19}$　4. -10

第五课时　代数式的值（第2课时）

课时目标

（1）在现实情境中，进一步掌握求代数式的值的意义，明白公式对数量关系的意义．

（2）经历用代入求值表示实际问题中的结果的过程，体会从一般到特殊的认识过程，进一步提高思维能力．

课时重难点

课时重点：掌握基本的计算公式以及图形的面积公式，并能够在题目中熟练应用．

课时难点：用公式进行计算式子的值．

作业时长

基础性作业10分钟，拓展性作业10分钟，合计20分钟．

作业类型

☑个性化作业　☑分层作业　□开放性作业　☑探究性作业
□项目式作业　□跨学科作业　□综合与实践作业

基础性作业

1. "囧"像一个人脸郁闷的神情．如右图所示，边长为 a 的正方形纸片，剪去两个一样的小直角三角形（阴影部分）和一个长方形（阴影部分）得到一个"囧"字图案，设剪去的两个小直角三角形的两直角边长分别为 x、y，剪去的小长方形长和宽也分别为 x，y.

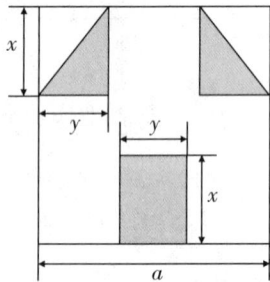

（1）用含 a、x、y 的式子表示"囧"的面积；

（2）当 $a=11$，$x=6$，$y=4$ 时，求该图形面积的值．

2. 右图是小明家所购置的一套楼房的平面图（单位：m）.

（1）这套房子的总面积可以用式子表示为_____ m²；

（2）若 $x=6$，$y=3$，并且每平方米房价为 0.8 万元，则购买这套房子共需要多少万元？

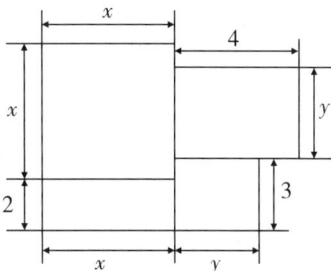

■ **基础性作业评价**

基础性作业评价表				
评价指标	等级			备注
	A	B	C	
答题的准确性				A 等：答案正确，过程正确 B 等：答案正确，过程有问题 C 等：答案不正确，过程不完整；答案不正确，过程错误或无过程
答题的规范性				A 等：过程规范，答案正确 B 等：过程不够规范、完整，答案正确 C 等：过程不规范或无过程，答案错误
解法的创新性				A 等：解法有新意和独到之处，答案正确 B 等：解法思路有创新，答案不完整或错误 C 等：常规解法，思路不清楚，过程复杂或无过程
综合评价等级				AAA、AAB 综合评价为 A 等；ABB、BBB、AAC 综合评价为 B 等；其余情况综合评价为 C 等

■ **基础性作业分析与设计意图**

第 1~2 题主要考查用公式计算实际问题的值，发展学生的运算能力.

■ **拓展性作业**

1. 为迎接市运动会的召开，园艺工人要在草地中种植出右图所示的图案. 其中四个半圆的直径分别为 x cm，y cm.

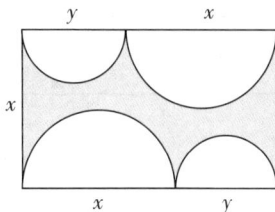

（1）用含 x，y 的式子表示图中阴影部分的面积 S；

（2）根据（1）中的关系式，当 $x=6$，$y=2$ 时，求出 S 的值（结果保留 π）.

2. 小语家新买了一套商品房，其建筑平面图如右图所示，其中 $b<a$（单位：m）.

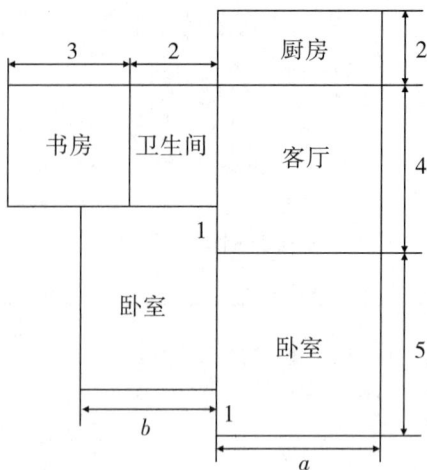

（1）这套住房的建筑总面积是 _____ m^2（用含 a，b 的式子表示）.

（2）当 $a=5$，$b=4$ 时，求出小语家这套住房的具体面积.

（3）在（2）的条件下，地面装修要铺设地砖或地板，小语家对各个房间的装修都提出了具体要求，明确了选用材料的品牌以及规格、品质要求. 现有公司按照要求拿出了装修方案，全屋地面每平方米 210 元. 请你帮助小语家测算一下本次装修一共花了多少钱？

拓展性作业评价

拓展性作业评价表			
评价指标	等级		备注
	A	B	C	

评价指标	A	B	C	备注
答题的准确性				A 等：答案正确，过程正确 B 等：答案正确，过程有问题 C 等：答案不正确，过程不完整；答案不正确，过程错误或无过程
答题的规范性				A 等：过程规范，答案正确 B 等：过程不够规范、完整，答案正确 C 等：过程不规范或无过程，答案错误
解法的创新性				A 等：解法有新意和独到之处，答案正确 B 等：解法思路有创新，答案不完整或错误 C 等：常规解法，思路不清楚，过程复杂或无过程
综合评价等级				AAA、AAB 综合评价为 A 等；ABB、BBB、AAC 综合评价为 B 等；其余情况综合评价为 C 等

▮ **拓展性作业分析与设计意图**

第 1～2 题主要考查用公式计算实际问题的值，发展学生的运算能力．

▮ **基础性作业参考答案**

1.（1）$a^2 - 2xy$　　（2）73　2.（1）$(x^2 + 2x + 7y)$　　（2）55.2 万元

▮ **拓展性作业参考答案**

1.（1）$\left(x^2 + xy - \dfrac{1}{4}\pi x^2 - \dfrac{1}{4}\pi y^2\right) \text{cm}^2$　　（2）$48 - 10\pi$

2.（1）$(11a + 5b + 15)$　　（2）90 m^2　　（3）18 900 元

单元学业水平质量检测作业

（时间：45 分钟；满分：100 分）

一、选择题（共 6 题，每题 6 分，共 36 分）

1. 下列各式中，符合整式书写要求的是（　　）

   A. $x \cdot 5$　　　　　B. $4m \times n$　　　　　C. $-1x$　　　　　D. $-\dfrac{1}{2}ab$

2. 若 $x = 1$，则 $2x - 4 = $（　　）

   A. -2　　　　　B. 2　　　　　C. -6　　　　　D. 6

3. 工地上有 a 吨水泥，如果每天用去 2.5 吨，用了 b 天后，剩下的吨数为（　　）

   A. $a - 2.5 - b$　　B. $a - 2.5 + b$　　C. $a - 2.5b$　　D. $a + 2.5b$

4. 列式表示"x 的 3 倍与 y 的平方的和"正确的是（　　）

   A. $3x^2 + y^2$　　　B. $3(x + y)^2$　　　C. $3x + y^2$　　　D. $(3x + y)^2$

5. 右图是一个用四块形状和大小都一样的长方形纸板拼成的一个大正方形，中间空的部分是一个小正方形，已知长方形纸板的长为 a，宽为 $b(a > b)$，则中间空白部分（小正方形）的周长是（　　）

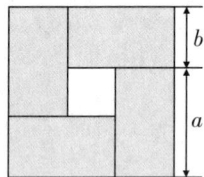

   A. $a + b$　　　　B. $a - b$　　　　C. $4(a - b)$　　　　D. $4(b - a)$

6. 已知 $ab = 1$，$a + b = 2$，则式子 $3ab + 2a + 2b$ 的值等于（　　）

   A. 2　　　　　B. 3　　　　　C. 5　　　　　D. 7

二、填空题（共 4 题，每题 6 分，共 24 分）

7. 笔记本每本 m 元，圆珠笔每支 n 元，买 3 本笔记本和 4 支圆珠笔共需 _____ 元.

8. 设 a 是最小的正整数，b 是最大的负整数，c 是绝对值最小的有理数，则 $a + b + c = $ _____.

9. 已知 $m^2 - 5m$ 的值为 4，则代数式 $3m^2 - 15m + 8$ 的值为 _____.

10. 某排队窗口开始办理业务时有 30 人排队，以后每分钟来 2 个新顾客，窗口每分钟可以办理 5 个顾客，业务员办理 $x(x < 10)$ 分钟后，还有 _____ 人在排队.

三、解答题（共 5 题，每小题 8 分，共 40 分）

11. 当 a 分别取下列值时，求代数式 $\dfrac{3a^2 + 4a - 1}{2a}$ 的值．

（1）$a = -1$；

（2）$a = \dfrac{1}{3}$．

12. 右图是一个"数值转换机"的示意图．

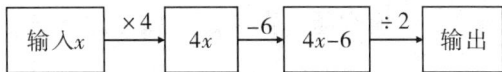

输入 x → ×4 → $4x$ → −6 → $4x-6$ → ÷2 → 输出

（1）输出的结果用代数式表示为_____；

（2）计算当输入 $x = \dfrac{1}{3}$ 时，输出的值．

13. 已知 a，b 互为相反数，c，d 互为倒数，$|m| = 2$，求 $3(a + b - 1) + (-cd) - 2m$ 的值．

14. 设某数为 x，用 x 表示下列各数：

（1）某数与 $\dfrac{1}{2}$ 的差；

（2）某数的 $\dfrac{1}{2}$ 与 $\dfrac{1}{3}$ 的和；

（3）某数与 1 的差的平方；

（4）某数与 2 的和的倒数．

15. 右图是一个长为 a，宽为 b 的长方形，两个涂色部分的图形都是底边长为 2，且底边在长方形对边上的平行四边形．

（1）用含 a，b 的式子表示长方形中空白部分的面积；

（2）当 $a = 8$，$b = 6$ 时，求长方形中空白部分的面积．

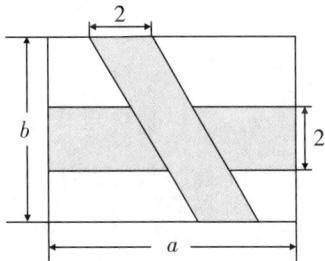

单元学业水平质量检测作业参考答案

一、选择题（共 6 题，每题 6 分，共 36 分）

1. D　2. A　3. C　4. C　5. C　6. D

二、填空题（共 4 题，每小题 6 分，共 24 分）

7. $(3m+4n)$　　8. 0　　9. 20　　10. $(30-3x)$

三、解答题（共 5 题，每小题 8 分，共 40 分）

11.（1）当 $a=-1$ 时，原式 $=\dfrac{3\times(-1)^2+4\times(-1)-1}{2\times(-1)}=1$.

（2）当 $a=\dfrac{1}{3}$ 时，原式 $=\dfrac{3\times\left(\dfrac{1}{3}\right)^2+4\times\left(\dfrac{1}{3}\right)-1}{2\times\left(\dfrac{1}{3}\right)}=1$.

12.（1）$\dfrac{1}{2}(4x-6)$　　（2）$\dfrac{1}{2}(4x-6)=2x-3=2\times\dfrac{1}{3}-3=-\dfrac{7}{3}$.

13. 当 $m=2$ 时，$3(a+b-1)+(-cd)-2m=3\times(0-1)+(-1)-2\times2=-8$；

当 $m=-2$ 时，$3(a+b-1)+(-cd)-2m=3\times(0-1)+(-1)-2\times(-2)=0$.

14.（1）某数与 $\dfrac{1}{2}$ 的差表示为：$x-\dfrac{1}{2}$.

（2）某数的 $\dfrac{1}{2}$ 与 $\dfrac{1}{3}$ 的和表示为：$\dfrac{1}{2}x+\dfrac{1}{3}$.

（3）某数与 1 的差的平方表示为：$(x-1)^2$.

（4）某数与 2 的和的倒数表示为：$\dfrac{1}{x+2}$.

15.（1）$S=ab-2a-2b+4$.

（2）当 $a=8$，$b=6$ 时，

$S=ab-2a-2b+4=8\times6-2\times8-2\times6+4=24$.

∴ 长方形中空白部分的面积为 24.

整式的加减

一、单元教材分析

整式是一类基本的代数式，"整式的加减"是"代数式"的主要内容之一，整式的加减运算是从现实情境中抽象出来的，经历概念的获得过程，有助于发展学生的抽象能力．整式的加减运算是整式的乘除、分式、二次根式、方程、不等式、函数等内容的基础，具有广泛的应用．整式及其相关概念包括类比数的运算来研究，体现数与式在加减运算中的一致性．整式加减运算的学习，有助于提高学生的运算能力和推理能力．

二、单元学习与作业目标

（一）单元学习目标

（1）通过分析表示某些现实情境中数量关系的式子的共同特征，抽象出单项式、多项式、整式等概念，理解它们之间的联系与区别，进一步发展抽象能力．

（2）经历类比数的运算研究整式的加减运算的过程，进一步理解整式中的字母表示数，理解整式的加减运算是建立在数的运算基础上的，理解数的运算律在整式的加减运算中仍然成立，发展推理能力．

（3）理解同类项的概念，掌握合并同类项和去括号法则，能进行简单的整式的加减运算，提升运算能力．

（二）单元作业目标

1. 第一课时"单项式"作业目标

学生通过作业练习进一步理解单项式、单项式的系数和次数的概念，提高观察、分析、归纳、概括的能力．

2. 第二课时"整式"作业目标

学生通过作业练习掌握整式及多项式的有关概念，掌握多项式的定义、多项式的项和次数以及常数项等概念，培养比较、分析、归纳的能力，初步体会类比和逆向思维的数学思想．

3. 第三课时"整式的加法与减法（合并同类项）"作业目标

学生通过作业练习理解合并同类项的概念，发展抽象能力．掌握合并同类项的法则，体会数式通性和类比的思想，发展推理能力．能运用合并同类项法则准确合并同类项，发展运算能力．

4. 第四课时"整式的加法与减法（去括号）"作业目标

学生通过作业练习加深理解去括号的依据是分配律，进一步体会数式通性和类比的思想，发展抽象能力和推理能力．掌握去括号法则，能用去括号法则准确进行运算，提升运算能力．

5. 第五课时"整式的加法与减法（整式的加减）"作业目标

学生通过作业练习从实际背景中去体会进行整式加减的必要性，并能灵活运用整式加减的步骤进行运算，培养观察、分析、归纳、总结以及概括的能力．

三、单元课时作业

第一课时　单项式

课时目标

（1）理解单项式、单项式的系数和次数的概念．

（2）能用单项式表示简单的数量关系．

（3）经历单项式概念的形成过程，从中体会抽象的数学思想，提高观察、分析、归纳、概括的能力．

（4）素养目标：从具体情境中抽象出数学概念，理解并掌握数学的基本概念．

课时重难点

课时重点：单项式的有关概念．

课时难点：负系数的确定以及准确确定一个单项式的次数．

作业时长

基础性作业 10 分钟，拓展性作业 10 分钟，合计 20 分钟．

作业类型

□个性化作业　☑分层作业　□开放性作业　☑探究性作业

□项目式作业　□跨学科作业　☑综合与实践作业

基础性作业

1. 下列各式 $\dfrac{-3x}{5}$，0，a，$2ab+b^2$，$\dfrac{x}{\pi}$，$\dfrac{x+1}{2}$ 中，单项式的个数为(　　)

　　A. 3　　　　　　B. 4　　　　　　C. 5　　　　　　D. 6

2. 下列说法正确的是(　　)

　　A. $\dfrac{2x-y}{2}$ 是单项式　　　　　　B. 单项式 $\dfrac{-x^2y}{2}$ 的系数是 -1

　　C. $2x^2y$ 的系数、次数都是2　　　　D. $-x^4y$ 是5次单项式

3. 单项式 $-\dfrac{x^3y}{5}$ 的系数是_____，次数是_____.

4. 请你写出一个只含有字母 a，b，且它的系数为 -3、次数为3的单项式：_____.

5. 按一定规律排列的单项式：$-a^2$，$4a^3$，$-9a^4$，$16a^5$，$-25a^6$，$\cdots$，第 n 个单项式是_____（用含 n 的代数式表示）.

基础性作业评价

基础性作业评价表				
评价指标	等级			备注
	A	B	C	
答题的准确性				A 等：答案正确，过程正确 B 等：答案正确，过程有问题 C 等：答案不正确，过程不完整；答案不正确，过程错误或无过程
答题的规范性				A 等：过程规范，答案正确 B 等：过程不够规范、完整，答案正确 C 等：过程不规范或无过程，答案错误
解法的创新性				A 等：解法有新意和独到之处，答案正确 B 等：解法思路有创新，答案不完整或错误 C 等：常规解法，思路不清楚，过程复杂或无过程

（续上表）

基础性作业评价表			
评价指标	等级		备注
	A	B	C	
综合评价等级				AAA、AAB 综合评价为 A 等；ABB、BBB、AAC 综合评价为 B 等；其余情况综合评价为 C 等

基础性作业分析与设计意图

第 1 题主要考查单项式的概念，加强学生对单项式概念的理解．

第 2 题主要考查单项式、单项式的系数和次数的概念，加强学生对相关概念的理解，巩固所学知识．

第 3 题主要考查单项式的系数和次数的概念，加强学生对相关概念的理解，巩固所学知识．

第 4 题主要考查单项式的系数和次数的概念，加强学生对相关概念的理解，培养学生的推理能力．

第 5 题主要考查单项式相关概念的应用，加强学生对化归思想的应用，培养学生的推理能力．

拓展性作业

1. 观察与发现：

x^2y，$-3x^2y^2$，$5x^2y^3$，$-7x^2y^4$，$9x^2y^5$，$-11x^2y^6$，…

（1）第 7 个单项式是_____；第 8 个单项式是_____；

（2）第 n（n 为大于 0 的整数）个单项式是什么？并指出它的系数和次数．

2. 按一定规律排列的等式：

第一个等式：$3^2 - 1^2 = 8 = 8 \times 1$，

第二个等式：$5^2 - 3^2 = 16 = 8 \times 2$，

第三个等式：$7^2 - 5^2 = 24 = 8 \times 3$，

第四个等式：$9^2 - 7^2 = 32 = 8 \times 4$，

　　⋮

（1）第 n 个等式是：_____（n 为正整数）；

（2）请你利用以上结论计算 $2\ 023^2 - 2\ 021^2$ 的值．

拓展性作业评价

<table>
<tr><td colspan="5" align="center">拓展性作业评价表</td></tr>
<tr><td rowspan="2">评价指标</td><td colspan="3" align="center">等级</td><td rowspan="2" align="center">备注</td></tr>
<tr><td>A</td><td>B</td><td>C</td></tr>
<tr><td>答题的准确性</td><td></td><td></td><td></td><td>A 等：答案正确，过程正确
B 等：答案正确，过程有问题
C 等：答案不正确，过程不完整；答案不正确，过程错误或无过程</td></tr>
<tr><td>答题的规范性</td><td></td><td></td><td></td><td>A 等：过程规范，答案正确
B 等：过程不够规范、完整，答案正确
C 等：过程不规范或无过程，答案错误</td></tr>
<tr><td>解法的创新性</td><td></td><td></td><td></td><td>A 等：解法有新意和独到之处，答案正确
B 等：解法思路有创新，答案不完整或错误
C 等：常规解法，思路不清楚，过程复杂或无过程</td></tr>
<tr><td>综合评价等级</td><td></td><td></td><td></td><td>AAA、AAB 综合评价为 A 等；ABB、BBB、AAC 综合评价为 B 等；其余情况综合评价为 C 等</td></tr>
</table>

拓展性作业分析与设计意图

第 1~2 题主要考查学生对单项式相关概念的应用，加强学生对转化与化归思想的应用，培养学生的推理能力和计算能力．

基础性作业参考答案

1. B　2. D　3. $-\dfrac{1}{5}$　4. $-3ab^2$ 或 $-3a^2b$　5. $(-1)^n\, n^2\, a^{n+1}$

拓展性作业参考答案

1. （1）$13x^2y^7$　$-15x^2y^8$

（2）第 n（n 为大于 0 的整数）个单项式是 $(-1)^{n+1}(2n-1)x^2y^n$，它的系数为 $(-1)^{n+1}(2n-1)$，次数为 $n+2$

2. （1）$(2n+1)^2-(2n-1)^2=8n$

（2）$2023^2-2021^2=8\times1011=8088$

第二课时　整式

课时目标

（1）掌握整式及多项式的有关概念，掌握多项式的定义、多项式的项和次数以及常数项等概念．

（2）培养学生比较、分析、归纳的能力，由单项式与多项式归纳出整式，这样更有利于学生知识的迁移和知识结构体系的更新．

（3）初步体会类比和逆向思维的数学思想．

（4）素养目标：从具体情境中抽象出数学概念，理解并掌握数学的基本概念．

课时重难点

课时重点：掌握整式及多项式的有关概念，掌握多项式的定义、多项式的项和次数以及常数项等概念．

课时难点：多项式的次数．

作业时长

基础性作业 10 分钟，拓展性作业 10 分钟，合计 20 分钟．

作业类型

□个性化作业　☑分层作业　□开放性作业　☑探究性作业

□项目式作业　□跨学科作业　☑综合与实践作业

基础性作业

1. 下列式子中不是多项式的是（　　　）

　　A. $4s + 3t$　　　　B. $2ab$　　　　C. $\dfrac{a+b}{3}$　　　　D. $x + 1$

2. 下列概念表述正确的是（　　）

　　A. $\dfrac{xy-1}{2}$ 是二次二项式

　　B. $-4a^2b$，$3ab$，5 是多项式 $-4a^2 + 3ab - 5$ 的项

　　C. 单项式 ab 的系数是 0，次数是 2

　　D. 单项式 $-2^3a^2b^3$ 的系数是 -2，次数是 5

3. 如果 $3xy^{|m|} - \dfrac{1}{2}(m-2)y^2 + 1$ 是三次三项式，则 m 的值为_____．

4. 多项式 $2x^2 - y^2 + xy - 4x^3y^3 + 1$ 是_____次_____项式，其中最高次项的系数是_____.

5. 多项式 $2a^2b^{|m|} - 3ab + b^{9-2m}$ 是一个五次式，则 $m = $ _____.

◢ 基础性作业评价

基础性作业评价表				
评价指标	等级			备注
	A	B	C	
答题的准确性				A 等：答案正确，过程正确 B 等：答案正确，过程有问题 C 等：答案不正确，过程不完整；答案不正确，过程错误或无过程
答题的规范性				A 等：过程规范，答案正确 B 等：过程不够规范、完整，答案正确 C 等：过程不规范或无过程，答案错误
解法的创新性				A 等：解法有新意和独到之处，答案正确 B 等：解法思路有创新，答案不完整或错误 C 等：常规解法，思路不清楚，过程复杂或无过程
综合评价等级				AAA、AAB 综合评价为 A 等；ABB、BBB、AAC 综合评价为 B 等；其余情况综合评价为 C 等

◢ 基础性作业分析与设计意图

第 1 题主要考查多项式的概念，加强学生对多项式概念的理解.

第 2 题主要考查单项式和多项式的有关概念，加强学生对相关概念的理解，巩固所学知识.

第 3~5 题主要考查多项式的次数和项数的概念，加强学生对相关概念的理解，巩固所学知识.

◢ 拓展性作业

1. 如下图，每个小正方形的面积均为 1.

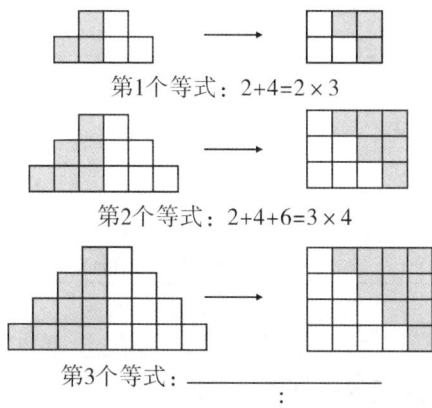

第1个等式：2+4=2×3

第2个等式：2+4+6=3×4

第3个等式：_____

⋮

据此规律：

（1）请写出第 3 个等式：_____；

（2）猜想第 n 个等式为：_____（用含 n 的等式表示）.

2. 已知多项式 $4x^{|m+1|}y - (m-2)xy^2 + 3$ 是一个关于 x，y 的四次三项式，求 m 的值.

3. 已知多项式 $-3x^3y^{m+1} + xy^2 - \dfrac{1}{2}x^3 + 6$ 是六次多项式，单项式 $\dfrac{2}{3}x^ny^{5-m}$ 的次数与这个多项式的次数相同，求 $m + n$ 的值.

拓展性作业评价

拓展性作业评价表			
评价指标	等级		备注
	A	B	C
答题的准确性				A 等：答案正确，过程正确 B 等：答案正确，过程有问题 C 等：答案不正确，过程不完整；答案不正确，过程错误或无过程
答题的规范性				A 等：过程规范，答案正确 B 等：过程不够规范、完整，答案正确 C 等：过程不规范或无过程，答案错误
解法的创新性				A 等：解法有新意和独到之处，答案正确 B 等：解法思路有创新，答案不完整或错误 C 等：常规解法，思路不清楚，过程复杂或无过程

（续上表）

拓展性作业评价表			
评价指标	等级		备注
	A	B	C	
综合评价等级				AAA、AAB 综合评价为 A 等；ABB、BBB、AAC 综合评价为 B 等；其余情况综合评价为 C 等

◤ **拓展性作业分析与设计意图**

第 1 题主要是探索规律，有利于发展学生的几何直观思维以及抽象能力、推理能力．

第 2~3 题主要考查多项式的次数和项数的概念，加强学生对相关概念的理解，巩固所学知识．

◤ **基础性作业参考答案**

1. B 2. A 3. -2 4. 六 五 -4 5. 2 或 3

◤ **拓展性作业参考答案**

1. （1） $2+4+6+8=4\times5$ （2） $2+4+6+\cdots+2(n+1)=(n+1)(n+2)$

2. $m=-4$ 3. $m+n=5$

第三课时 整式的加法与减法（合并同类项）

◤ **课时目标**

（1）理解多项式中同类项的概念，会识别同类项，能利用合并同类项法则来化简整式．

（2）在具体的情景中，通过探究、交流、反思等活动理解合并同类项的法则，体验探求规律的思想方法；并熟练运用法则进行合并同类项的运算，体验化繁为简的数学思想．

（3）积极参与教学活动，获得成功的体验；培养团结协作、严谨求实的学习作风和锲而不舍、勇于创新的精神．

（4）素养目标：按照一定的规则和步骤进行数学运算，保证运算的准确性和合理性．

课时重难点

课时重点：同类项的概念和合并同类项的法则．

课时难点：找出同类项并正确地合并．

作业时长

基础性作业 10 分钟，拓展性作业 15 分钟，合计 25 分钟．

作业类型

☐ 个性化作业　☑ 分层作业　☐ 开放性作业　☑ 探究性作业

☐ 项目式作业　☐ 跨学科作业　☑ 综合与实践作业

基础性作业

1. 下列各式中，与 $5x^3y^2$ 是同类项的是（　　　　）

   A. $3x^5$　　　　　B. $2x^2y^3$　　　　　C. $-\dfrac{1}{3}x^3y^2$　　　　D. $-\dfrac{1}{2}y^5$

2. 下列各选项中的两个单项式，不是同类项的是（　　　　）

   A. $3x^2y$ 与 $-2yx^2$　　　　　　　　　B. $2ab^2$ 与 $-ba^2$

   C. $\dfrac{xy}{3}$ 与 $5xy$　　　　　　　　　　D. $23a$ 与 $32a$

3. 若 $3x^{a+3}y^2$ 与 $-2xy^{b-1}$ 是同类项，则 a^b 的值为_____．

4. 若两个单项式 $-\dfrac{1}{2}x^my$ 与 $3x^2y^n$ 的和仍然是单项式，则和的次数为_____．

5. 合并同类项：

   （1）$5m + 3m - 10m$；　　　（2）$2ab^2 - 3ab^2 - 6ab^2$；

   （3）$5x + 2y - 3x - 7y$；　　　（4）$11xy - 3x^2 - 7xy + x^2$．

基础性作业评价

基础性作业评价表			
评价指标	等级		备注
	A	B	C	
答题的准确性				A 等：答案正确，过程正确　B 等：答案正确，过程有问题　C 等：答案不正确，过程不完整；答案不正确，过程错误或无过程

（续上表）

<table>
<tr><td colspan="5" align="center">基础性作业评价表</td></tr>
<tr><td rowspan="2" align="center">评价指标</td><td colspan="3" align="center">等级</td><td rowspan="2" align="center">备注</td></tr>
<tr><td>A</td><td>B</td><td>C</td></tr>
<tr><td align="center">答题的规范性</td><td></td><td></td><td></td><td>A 等：过程规范，答案正确
B 等：过程不够规范、完整，答案正确
C 等：过程不规范或无过程，答案错误</td></tr>
<tr><td align="center">解法的创新性</td><td></td><td></td><td></td><td>A 等：解法有新意和独到之处，答案正确
B 等：解法思路有创新，答案不完整或错误
C 等：常规解法，思路不清楚，过程复杂或无过程</td></tr>
<tr><td align="center">综合评价等级</td><td></td><td></td><td></td><td>AAA、AAB 综合评价为 A 等；ABB、BBB、AAC 综合评价为 B 等；其余情况综合评价为 C 等</td></tr>
</table>

◤ 基础性作业分析与设计意图 ◢

第 1~4 题主要考查同类项的概念，要求学生能利用同类项的概念解决问题，加深其对同类项概念的理解.

第 5 题主要考查学生能否利用合并同类项法则准确地进行运算，加强学生的运算能力.

◤ 拓展性作业 ◢

1. 若多项式 $mx^2 + 3xy - 2y^2 - x^2 + nxy - 2y + 6$ 的值与 x 的取值无关，求 $(m + n)^3$ 的值.

2. 若关于 x，y 的多项式 $6mx^2 + 4nxy + 2x + 2xy - x^2 + y + 4$ 不含二次项，求 $m - n$ 的值.

3. 如果两个关于 x，y 的单项式 $2mx^{a+1}y^2$ 与 $-4nx^3y^2$ 是同类项（其中 $xy \neq 0$）.

（1）求 a 的值；

（2）如果这两个单项式的和为零，求 $(m - 2n - 1)^{2021}$ 的值.

◢ **拓展性作业评价**

拓展性作业评价表			
评价指标	等级		备注
	A　B　C		
答题的准确性			A 等：答案正确，过程正确 B 等：答案正确，过程有问题 C 等：答案不正确，过程不完整；答案不正确，过程错误或无过程
答题的规范性			A 等：过程规范，答案正确 B 等：过程不够规范、完整，答案正确 C 等：过程不规范或无过程，答案错误
解法的创新性			A 等：解法有新意和独到之处，答案正确 B 等：解法思路有创新，答案不完整或错误 C 等：常规解法，思路不清楚，过程复杂或无过程
综合评价等级			AAA、AAB 综合评价为 A 等；ABB、BBB、AAC 综合评价为 B 等；其余情况综合评价为 C 等

◢ **拓展性作业分析与设计意图**

　　第 1~3 题主要考查同类项的概念和学生对合并同类项法则的运用，加强学生的运算能力.

◢ **基础性作业参考答案**

1. C　　2. B　　3. -8　　4. 3

5.（1）$-2m$　　（2）$-7ab^2$　　（3）$2x-5y$　　（4）$4xy-2x^2$

◢ **拓展性作业参考答案**

1. -8　　2. $\dfrac{2}{3}$　　3.（1）2　　（2）-1

第四课时 整式的加法与减法（去括号）

课时目标

（1）能运用运算律探究去括号法则，并且利用去括号法则将整式化简.

（2）经历类比带有括号的有理数的运算，发现去括号时的符号变化规律，归纳出去括号法则，培养观察、分析、归纳的能力.

（3）在探究活动中，体验类比的思想价值观.

（4）素养目标：按照一定的规则和步骤进行数学运算，保证运算的准确性和合理性.

课时重难点

课时重点：去括号法则.

课时难点：括号前面是"－"时，去括号后的符号变化.

作业时长

基础性作业 10 分钟，拓展性作业 10 分钟，合计 20 分钟.

作业类型

□个性化作业　☑分层作业　□开放性作业　☑探究性作业

□项目式作业　□跨学科作业　☑综合与实践作业

基础性作业

1. 把 $-(a-b+c)$ 去括号，正确的是(　　　)

　　A. $-a-b-c$　　B. $-a+b+c$　　C. $-a+b-c$　　D. $-a-b+c$

2. 下列各式中，去括号正确的是(　　　)

　　A. $-(2a+1)=-2a+1$　　　　　　B. $-(-2a-1)=-2a+1$

　　C. $-(2a-1)=-2a+1$　　　　　　D. $(-2a-1)=2a-1$

3. 计算：$a-(2+a)=$ _____ .

4. $2x-3(x-2y+3z)+2(3x-3y+2z)=$ _____ .

5. 下列各式先去括号，再合并同类项.

（1）$(2-6x)+(3x+3)$；　　　　　　（2）$-(5y-10)-(2-2y)$.

基础性作业评价

基础性作业评价表			
评价指标	等级		备注
	A　B　C		
答题的准确性			A 等：答案正确，过程正确 B 等：答案正确，过程有问题 C 等：答案不正确，过程不完整；答案不正确，过程错误或无过程
答题的规范性			A 等：过程规范，答案正确 B 等：过程不够规范、完整，答案正确 C 等：过程不规范或无过程，答案错误
解法的创新性			A 等：解法有新意和独到之处，答案正确 B 等：解法思路有创新，答案不完整或错误 C 等：常规解法，思路不清楚，过程复杂或无过程
综合评价等级			AAA、AAB 综合评价为 A 等；ABB、BBB、AAC 综合评价为 B 等；其余情况综合评价为 C 等

基础性作业分析与设计意图

第 1~2 题主要考查去括号法则，要求学生能依据去括号法则去括号.

第 3~5 题主要考查学生对合并同类项法则和去括号法则的应用，提高学生的运算能力.

拓展性作业

1. 有理数 a，b，c 在数轴上对应点的位置如右图所示，则式子 $|c + a| - 2|a - c + b| + |b + c| = $ _____.

2. 下列各式先去括号，再合并同类项.

（1）$2(x - y + 2) - 3(-x + 2y - 1)$；

（2）$3a^2 - 2[2a^2 - (2ab - a^2) + 4ab]$.

3. 为响应"把中国人的饭碗牢牢端在自己手中"的号召，确保粮食安全，优选品种，提高产量，某农业科技小组对 A、B 两个玉米品种进行实验种植对比研究．去年 A、B 两个品种各种植了 10 亩，收获后 A、B 两个品种的售价均为 2.4 元/千克；已知 A 品种的平均亩产量为 m 千克，且 B 品种的平均亩产量比 A 品种高 100 千克．

（1）去年 B 品种的平均亩产量是_____千克（用含 m 的代数式表示）；

（2）去年 A、B 两个品种全部售出后总收入为多少元？（用含 m 的代数式表示）

▰ 拓展性作业评价

拓展性作业评价表				
评价指标	等级			备注
	A	B	C	
答题的准确性				A 等：答案正确，过程正确 B 等：答案正确，过程有问题 C 等：答案不正确，过程不完整；答案不正确，过程错误或无过程
答题的规范性				A 等：过程规范，答案正确 B 等：过程不够规范、完整，答案正确 C 等：过程不规范或无过程，答案错误
解法的创新性				A 等：解法有新意和独到之处，答案正确 B 等：解法思路有创新，答案不完整或错误 C 等：常规解法，思路不清楚，过程复杂或无过程
综合评价等级				AAA、AAB 综合评价为 A 等；ABB、BBB、AAC 综合评价为 B 等；其余情况综合评价为 C 等

▰ 拓展性作业分析与设计意图

第 1 题主要考查绝对值和合并同类项法则，要求学生能利用数形结合思想解决问题，培养学生的推理能力和抽象能力．

第 2 题主要考查学生对合并同类项法则和去括号法则的应用，提高学生的运算能力．

第 3 题以实际问题为情境，在分析问题中的数量关系的过程中培养学生的抽象能力和推理能力，在运算的过程中培养学生的运算能力．

基础性作业参考答案

1. C　2. C　3. -2　4. $5x+5z$　5.（1）$5-3x$　（2）$8-3y$

拓展性作业参考答案

1. $-3a-b+2c$　2.（1）$5x-8y+7$　（2）$-3a^2-4ab$

3.（1）$(m+100)$　　（2）$(48m+2\,400)$ 元

第五课时　整式的加法与减法（整式的加减）

课时目标

（1）学生能根据题意列出式子，运用整式加减的运算法则进行整式加减运算，并能说明其中的算理.

（2）经历用字母表示实际问题中的数量关系的过程，发展学生的符号感，提高其运算能力及综合运用知识进行分析、解决问题的能力.

（3）培养积极探索的学习态度，发展有条理地思考及整式表达能力，体会整式的应用价值.

（4）素养目标：按照一定的规则和步骤进行数学运算，保证运算的准确性和合理性.

课时重难点

课时重点：列式表示实际问题中的数量关系，能用整式加减的运算法则进行整式加减运算.

课时难点：列式表示问题中的数量关系，运用整式加减的运算法则.

作业时长

基础性作业 10 分钟，拓展性作业 15 分钟，合计 25 分钟.

作业类型

□个性化作业　☑分层作业　□开放性作业　□探究性作业
□项目式作业　□跨学科作业　☑综合与实践作业

基础性作业

1. 已知某个长方形相邻的两边长为 $2a-b$ 和 $a+b$，那么这个长方形的周长为（　　）

A. $3a$ B. $3a - 2b$ C. $6a$ D. $6a + 4b$

2. 三个连续偶数，设中间一个为 $2n$，则这三个数的和是（   ）

A. $6n$ B. $6n - 2$ C. $6n + 2$ D. $6n + 4$

3. 一个多项式加上 $3 - 2x - x^2$ 得到 $x^2 + 1$，这个多项式是_____.

4. 若"@"是新规定的某种运算符号，设 $a@b = 2a - b$，则 $x@(x - y) =$
_____.

5. 刘老师在黑板上写了一个正确的演算过程，随后用手捂住了多项式，形式如下：$4(x - 3y^2) +$ ✋ $= 6x - 5y^2$.

（1）求所捂住的多项式；

（2）当 $x = 1, y = -1$ 时，求所捂住的多项式的值.

◤ 基础性作业评价

评价指标	等级			备注
	A	B	C	
答题的准确性				A 等：答案正确，过程正确 B 等：答案正确，过程有问题 C 等：答案不正确，过程不完整；答案不正确，过程错误或无过程
答题的规范性				A 等：过程规范，答案正确 B 等：过程不够规范、完整，答案正确 C 等：过程不规范或无过程，答案错误
解法的创新性				A 等：解法有新意和独到之处，答案正确 B 等：解法思路有创新，答案不完整或错误 C 等：常规解法，思路不清楚，过程复杂或无过程
综合评价等级				AAA、AAB 综合评价为 A 等；ABB、BBB、AAC 综合评价为 B 等；其余情况综合评价为 C 等

基础性作业评价表

◤ 基础性作业分析与设计意图

第 1~5 题主要考查学生利用合并同类项和去括号法则进行整式加减运算的能力.

拓展性作业

1. 已知代数式 $A = 2x^2 + 3xy + 2y$，$B = x^2 - xy + x$．

（1）求 $A - 2B$；

（2）当 $x = -1$，$y = 3$ 时，求 $A - 2B$ 的值；

（3）若 $A - 2B$ 的值与 x 的取值无关，求 y 的值．

2. 如右图，学校要利用专款建一个长
方形的电动车停车场，其他三面用护栏围
起，其中长方形停车场的长为 $(2a + 3b)$
米，宽比长少 $(a - b)$ 米．

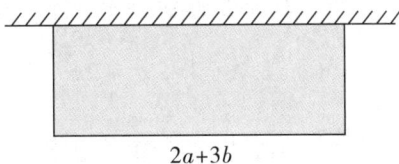

$2a+3b$

（1）用 a，b 表示长方形停车场的宽；

（2）求护栏的总长度；

（3）若 $a = 30$，$b = 10$，每米护栏造价 100 元，求建此停车场所需的费用．

拓展性作业评价

拓展性作业评价表				
评价指标	等级			备注
	A	B	C	
答题的准确性				A 等：答案正确，过程正确
				B 等：答案正确，过程有问题
				C 等：答案不正确，过程不完整；答案不正确，过程错误或无过程
答题的规范性				A 等：过程规范，答案正确
				B 等：过程不够规范、完整，答案正确
				C 等：过程不规范或无过程，答案错误
解法的创新性				A 等：解法有新意和独到之处，答案正确
				B 等：解法思路有创新，答案不完整或错误
				C 等：常规解法，思路不清楚，过程复杂或无过程
综合评价等级				AAA、AAB 综合评价为 A 等；ABB、BBB、AAC 综合评价为 B 等；其余情况综合评价为 C 等

◤ **拓展性作业分析与设计意图**

　　第1题主要考查学生利用合并同类项和去括号法则对整式进行化简，并观察化简后多项式的特点，代入求值，提高运算能力．

　　第2题主要考查学生根据实际问题中的数量关系列出单项式或多项式，并通过整式的加减运算解决实际问题，提高运算能力和抽象能力．

◤ **基础性作业参考答案**

1. C　2. A　3. $2x^2 + 2x - 2$　4. $x + y$　5.（1）$2x + 7y^2$　（2）9

◤ **拓展性作业参考答案**

1.（1）$5xy + 2y - 2x$　（2）-7　（3）$\dfrac{2}{5}$

2.（1）$a + 4b$　（2）$4a + 11b$　（3）23 000 元

单元学业水平质量检测作业

（时间：45 分钟；满分：100 分）

一、选择题（共 6 题，每小题 6 分，共 36 分）

1. 计算 $3a^6 - a^6$ 的结果为（　　）

    A. $2a^9$ 　　　　　　B. $2a^6$ 　　　　　　C. $a^6 + a^8$ 　　　　　　D. a^{12}

2. 下列说法中，正确的是（　　）

    A. 1 不是单项式 　　　　　　　　　B. $-\dfrac{xy}{5}$ 的系数是 -5

    C. $-x^2 y$ 是 3 次单项式 　　　　　D. $2x^2 + 3xy - 1$ 是四次三项式

3. 右图是一个由 5 张纸片拼成一个大长方形，相邻纸片之间互不重叠也无缝隙，其中两张大正方形纸片大小一样，面积记为 S_1，另外两张长方形纸片大小一样，面积记为 S_2，中间一张小正方形纸片的面积记为 S_3，则这个大长方形的面积一定可以表示为（　　）

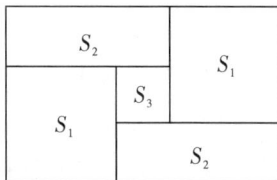

    A. $3S_1 + S_2$ 　　　　B. $S_1 + 4S_2$ 　　　　C. $4S_1$ 　　　　D. $4S_2$

4. 如果 $\dfrac{1}{3} x^{a+1} y^{2a+3}$ 与 $-3x^2 y^{2b-1}$ 是同类项，那么 a，b 的值分别是（　　）

    A. $a=1$，$b=2$ 　　B. $a=1$，$b=3$ 　　C. $a=2$，$b=3$ 　　D. $a=3$，$b=2$

5. 下列各组中，不是同类项的是（　　）

    A. $12a^3 y$ 与 $\dfrac{2ya^3}{3}$ 　　　　　　　B. $2^2 abx^3$ 与 $\dfrac{5bax^3}{3}$

    C. $6a^2 mb$ 与 $-a^2 bm$ 　　　　　　　D. $\dfrac{1}{3} x^3 y$ 与 $\dfrac{1}{3} xy^3$

6. 教材中"整式的加减"一章的知识结构如下图所示，则 A 和 B 分别代表的是（　　）

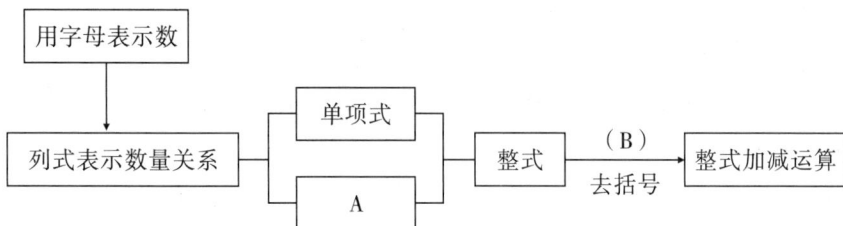

A. 整式，合并同类项　　　　　　B. 单项式，合并同类项

C. 系数，次数　　　　　　　　　D. 多项式，合并同类项

二、填空题（共 4 题，每小题 6 分，共 24 分）

7. 请你写出一个含有字母 x，y，且系数为 -3，次数是 4 的单项式 _____．

8. 如果单项式 $2x^{m-1}y^2$ 与 $-3x^2y^{n+1}$ 是同类项，那么 $m+n$ _____．

9. 化简 $3x - 2(x - 3y)$ 的结果是_____．

10. 已知代数式 $A = 2x^2 + 4xy - 3y + 3$，$B = x^2 - xy + 2$，若 $A - 2B$ 的值与 y 的取值无关，则 x 的值为_____．

三、解答题（共 5 题，每小题 8 分，共 40 分）

11. 计算：

（1）$3(3a - 1) - 2(3a + 2)$；

（2）$5(3a^2b - ab^2) - 4(-ab^2 + 3a^2b)$．

12. 先化简，再求值：$3(2a^2b - ab^2) - (5a^2b - 4ab^2)$，其中 $a = 2$，$b = -1$．

13. 已知实数 m 使得多项式 $(2mx^2 - x^2 + 3x + 1) - (5x^2 - 4y^2 + 3x)$，化简后不含 x^2 项，求代数式 $2m^3 - [2m^3 - (4m - 5) + m]$ 的值．

14. 某同学做一道数学题，"已知两个多项式 A、B，$B = 2x^2 + 3x - 4$，试求 $A - 2B$"．这位同学把 "$A - 2B$" 误看成 "$A + 2B$"，结果求出的答案为 $5x^2 + 8x - 10$．请你替这位同学求出 "$A - 2B$" 的符合题意的答案．

15. 阅读材料：

"整体思想"是中学教学解题中一种重要的思想方法，它在多项式的化简与求值中应用极为广泛，如我们把 $(a + b)$ 看成一个整体，$4(a + b) - 2(a + b) + (a + b) = (4 - 2 + 1)(a + b) = 3(a + b)$．

尝试应用：

（1）把 $(a - b)^2$ 看成一个整体，合并 $3(a - b)^2 - 5(a - b)^2 + 7(a - b)^2$ 的结果是_____；

（2）已知 $x^2 - 2y = 1$，求 $3x^2 - 6y - 2\,021$ 的值；

（3）已知 $a - 2b = 2$，$2b - c = -5$，$c - d = 9$，求 $(a - c) + (2b - d) - (2b - c)$ 的值．

单元学业水平质量检测作业参考答案

一、选择题（共6题，每小题6分，共36分）

1. B　2. C　3. A　4. B　5. D　6. D

二、填空题（共4题，每小题6分，共24分）

7. $-3x^2y^2$（或 $-3x^3y$ 或 $-3xy^3$）　8. 4　9. $x+6y$　10. 0.5

三、解答题（共5题，每小题8分，共40分）

11.（1）$3a-7$　（2）$3a^2b-ab^2$

12. 解：原式 $= 6a^2b - 3ab^2 - 5a^2b + 4ab^2$

$\qquad = a^2b + ab^2$

$\qquad = ab(a+b)$.

当 $a=2$，$b=-1$ 时，

原式 $= -2 \times 1$

$\qquad = -2$.

13. 解：$(2mx^2 - x^2 + 3x + 1) - (5x^2 - 4y^2 + 3x)$

$\qquad = 2mx^2 - x^2 + 3x + 1 - 5x^2 + 4y^2 - 3x$

$\qquad = (2m-6)x^2 + 1 + 4y^2$.

$\because (2mx^2 - x^2 + 3x + 1) - (5x^2 - 4y^2 + 3x)$ 化简后不含 x^2 项，

$\therefore 2m - 6 = 0$，

解得 $m = 3$.

$\because 2m^3 - [2m^3 - (4m-5) + m]$

$= 2m^3 - (2m^3 - 4m + 5 + m)$

$= 2m^3 - (2m^3 - 3m + 5)$

$= 2m^3 - 2m^3 + 3m - 5$

$= 3m - 5$，

$\therefore$ 当 $m=3$ 时，原式 $= 3 \times 3 - 5 = 4$.

14. 解：$\because B = 2x^2 + 3x - 4$，$A + 2B = 5x^2 + 8x - 10$，

$\therefore A = 5x^2 + 8x - 10 - 2(2x^2 + 3x - 4)$

$\qquad = 5x^2 + 8x - 10 - 4x^2 - 6x + 8$

$$= x^2 + 2x - 2.$$

$$\therefore A - 2B$$

$$= x^2 + 2x - 2 - 2 \left(2x^2 + 3x - 4 \right)$$

$$= x^2 + 2x - 2 - 4x^2 - 6x + 8$$

$$= -3x^2 - 4x + 6.$$

15.（1）5 $\left(a - b \right)^2$

（2）解：$\because x^2 - 2y = 1$，

$$\therefore 3x^2 - 6y - 2\,021$$

$$= 3 \left(x^2 - 2y \right) - 2\,021$$

$$= 3 - 2\,021$$

$$= -2\,018.$$

（3）解：$\because a - 2b = 2$，$2b - c = -5$，$c - d = 9$，

$$\therefore \left(a - c \right) + \left(2b - d \right) - \left(2b - c \right)$$

$$= a - c + 2b - d - 2b + c$$

$$= a - d$$

$$= a - 2b + 2b - c + c - d$$

$$= \left(a - 2b \right) + \left(2b - c \right) + \left(c - d \right)$$

$$= 2 - 5 + 9$$

$$= 6.$$

一元一次方程

一、单元教材分析

"一元一次方程"是"数与代数"领域中"方程与不等式"主题的主要内容之一，包括方程及其相关概念，一元一次方程的概念、解法和应用．方程揭示了数学中最基本的相等关系，是一类应用广泛的数学模型．一元一次方程作为最简单的方程，是学生用数学的眼光观察现实世界、用数学的思维思考现实世界、用数学的语言表达现实世界的重要载体．利用一元一次方程解决实际问题的过程，有助于学生形成模型观念、发展应用意识；通过分析实际问题中的相等关系列出方程，有助于学生发展抽象能力；解一元一次方程的过程主要体现了化归思想，有助于学生进一步发展运算能力，提升推理能力．

二、单元学习与作业目标

（一）单元学习目标

（1）经历对现实问题中的量进行分析，用字母表示未知数，列出含有未知数的等式表示问题中的相等关系（即列方程）的过程，了解一般方程的意义，理解一元一次方程的概念，体会从算式到方程是数学的进步，提升抽象能力．

（2）认识方程的解的意义，能根据具体问题的实际意义，检验一元一次方程的解是否合理．

（3）掌握等式的性质，能运用它们进行简单的等式变形．能运用等式的性质探究一元一次方程的解法，理解解一元一次方程的目标（使方程逐步转化为 $x = m$ 的形式），理解解一元一次方程的一般步骤和依据，掌握一元一次方程的解法，体会解法中蕴含的化归思想，提升运算能力和推理能力．

（4）经历从现实生活或具体情境中抽象出一元一次方程，求出一元一次方程的解，讨论解的实际意义并验证反思的完整过程，能利用一元一次方程分析和解决实际问题，体会方程是一种描述现实世界的重要的数学模型，提升模型观念、应用意识和创新意识．

（二）单元作业目标

1. 第一课时"从算式到方程（一）"作业目标

学生通过作业练习加深对方程概念的理解，巩固列方程解决实际问题的思路，发展抽象能力和应用意识．

2. 第二课时"从算式到方程（二）"作业目标

学生通过作业练习加深对方程的解和一元一次方程定义的理解，进一步巩固列方程解决实际问题的思路，发展应用意识．

3. 第三课时"等式的性质"作业目标

学生通过作业练习巩固对等式的性质的理解，提高运算能力．

4. 第四课时"解一元一次方程——合并同类项"作业目标

学生通过作业练习理解合并同类项法则，能用合并同类项等步骤解一元一次方程，发展运算能力和推理能力．

5. 第五课时"解一元一次方程——移项"作业目标

学生通过作业练习理解移项法则，能用移项等步骤解一元一次方程，发展运算能力和推理能力．

6. 第六课时"解一元一次方程——去括号"作业目标

学生通过作业练习理解去括号法则，能用去括号等步骤解一元一次方程，发展运算能力和推理能力．

7. 第七课时"解一元一次方程——去分母"作业目标

学生通过作业练习理解去分母法则，能用去分母等步骤解一元一次方程，发展运算能力和推理能力．

8. 第八课时"实际问题与一元一次方程（第 1 课时）——配套问题、工程问题"作业目标

学生通过作业练习理解建立配套问题、工程问题模型解决实际问题，提升模型观念，增强应用意识．

9. 第九课时"实际问题与一元一次方程（第 2 课时）——销售中的盈亏"作业目标

学生通过作业练习理解建立销售问题模型解决实际问题，提升模型观念，增强应用意识．

10. 第十课时"实际问题与一元一次方程（第 3 课时）——球赛积分表问题"作业目标

学生通过作业练习理解建立方程模型解决球赛积分问题，提升模型观念，增强应用意识．

11. 第十一课时"实际问题与一元一次方程（第 4 课时）——不同能效空调的综合费用比较"作业目标

学生通过作业练习理解建立方程模型解决不同能效空调综合费用的比较问题，提升模型观念，增强应用意识．

三、单元课时作业

第一课时　从算式到方程（一）

课时目标

学生通过作业练习加深对方程概念的理解，巩固列方程解决实际问题的思路，发展抽象能力和应用意识．

课时重难点

课时重点：方程的概念，列方程解决实际问题．

课时难点：列方程解决实际问题．

作业时长

基础性作业 10 分钟，拓展性作业 10 分钟，合计 20 分钟．

作业类型

☑个性化作业　☑分层作业　□开放性作业　□探究性作业
□项目式作业　□跨学科作业　□综合与实践作业

基础性作业

1. 在式子①$2y+1$，②$1+7=15-8+1$，③$\frac{1}{3}x^2+x=0$，④$m+2n=3$，⑤$a+1\neq 0$ 中，是方程的为＿＿＿＿＿＿＿＿（填序号）．

2. 根据题意，列方程：

（1）x 的 3 倍与 7 的和等于 29，则可列方程为＿＿＿＿＿＿＿＿＿＿＿＿＿；

（2）x 的 3 倍与 5 的和比 x 的 $\dfrac{1}{3}$ 大 2，则可列方程为＿＿＿＿＿＿＿；

（3）将边长为 x 的正方形的一边减小 3 后得到一个长方形．若长方形的面积为 10，则可列出方程为＿＿＿＿＿＿＿．

3. 某商品按进价提高 40% 后售出，每件可获利 68 元，若设该商品每件的进价是 x 元，则可列方程为＿＿＿＿＿＿＿．

4. "鸡兔同笼"是我国民间流传的诗歌形式的数学题："鸡兔同笼不知数，三十六头笼中露，看来脚有一百只，几多鸡儿几多兔？"要解决此问题，可设兔有 x 只，则可列方程为（　　　）

A. $4x + 2(36 - x) = 100$ 　　　　B. $2x + 4(36 - x) = 100$

C. $x + 2(36 + x) = 100$ 　　　　D. $2x + 2(36 - x) = 100$

5. 根据下列图形中标出的量及其满足的关系，列出方程：

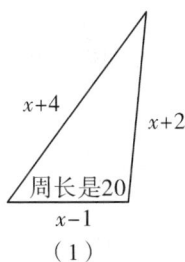

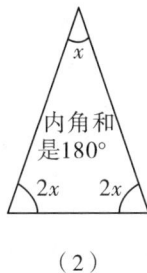

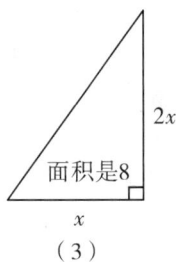

（1）　　　　　　（2）　　　　　　（3）

基础性作业评价

基础性作业评价表			
评价指标	等级		备注
	A	B	C	

评价指标	A	B	C	备注
答题的准确性				A 等：答案正确，过程正确 B 等：答案正确，过程有问题 C 等：答案不正确，过程不完整；答案不正确，过程错误或无过程
答题的规范性				A 等：过程规范，答案正确 B 等：过程不够规范、完整，答案正确 C 等：过程不规范或无过程，答案错误

（续上表）

基础性作业评价表			
评价指标	等级		备注
	A B C		
解法的创新性			A 等：解法有新意和独到之处，答案正确 B 等：解法思路有创新，答案不完整或错误 C 等：常规解法，思路不清楚，过程复杂或无过程
综合评价等级			AAA、AAB 综合评价为 A 等；ABB、BBB、AAC 综合评价为 B 等；其余情况综合评价为 C 等

基础性作业分析与设计意图

第 1 题主要考查学生对方程概念的理解.

第 2~5 题主要巩固列方程解决实际问题、几何问题的思路，发展学生的抽象能力和应用意识.

拓展性作业

1. 《九章算术》是人类科学史上应用数学的"算经之首"，书中记载：今有共买物，人出八，盈三；人出七，不足四.问人、物各几何？意思是：现有几个人共买一件物品，每人出 8 钱多出 3 钱；每人出 7 钱，还差 4 钱.问：人数、物价各是多少？若设物价是 x 钱，根据题意列一元一次方程，正确的是（   ）

A. $\dfrac{x-3}{8}=\dfrac{x+4}{7}$

B. $\dfrac{x+3}{8}=\dfrac{x-4}{7}$

C. $\dfrac{x-4}{8}=\dfrac{x+3}{7}$

D. $\dfrac{x+4}{8}=\dfrac{x-3}{7}$

2. 某班举行了演讲活动，班长安排小勤去购买奖品，下图是小勤与班长的对话：

> 你需要购买A、B两种不同的笔记本共40本。
>
> 班长

> 我已经去店里问过了，这两种笔记本的单价分别为5元和8元，我领了300元，现在就去买。
>
> 小勤

若找回 55 元，设购买 A 笔记本 x 本，请根据小勤与班长的对话，列出方程.

3. 如右图所示，一个长方形舞台背景墙被装饰布遮挡了一部分，背景墙的长、宽之比是 3∶2，装饰布由两个半圆和两个四分之一圆组成，其中圆的直径都是背景墙宽的一半，已知未被遮挡的部分的面积为 120 m². 求这个长方形舞台的长. 设背景墙的长为 x m，根据题意，列出方程.

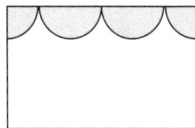

4. 已知一个包装盒的表面展开图如右图所示（单位：cm），请根据题意列出方程.

（1）若此包装盒的底面积为 75 cm²；

（2）若此包装盒的容积为 1 125 cm³.

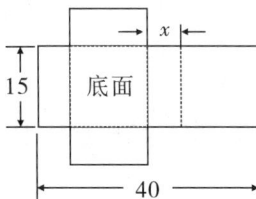

◢ **拓展性作业评价**

拓展性作业评价表				
评价指标	等级			备注
	A	B	C	
答题的准确性				A 等：答案正确，过程正确
				B 等：答案正确，过程有问题
				C 等：答案不正确，过程不完整；答案不正确，过程错误或无过程
答题的规范性				A 等：过程规范，答案正确
				B 等：过程不够规范、完整，答案正确
				C 等：过程不规范或无过程，答案错误
解法的创新性				A 等：解法有新意和独到之处，答案正确
				B 等：解法思路有创新，答案不完整或错误
				C 等：常规解法，思路不清楚，过程复杂或无过程
综合评价等级				AAA、AAB 综合评价为 A 等；ABB、BBB、AAC 综合评价为 B 等；其余情况综合评价为 C 等

◢ **拓展性作业分析与设计意图**

第 1~4 题继续巩固列方程解决实际问题、几何问题的思想方法，提高学生的应用意识.

基础性作业参考答案

1. ③ ④ 2. （1）$3x + 7 = 29$ （2）$3x + 5 = \dfrac{1}{3}x + 2$ （3）$x（x - 3）= 10$

3. $40\% x = 68$ 4. A

5. （1）$（x - 1）+（x + 2）+（x + 4）= 20$ （2）$x + 2x + 2x = 180$

（3）$x^2 = 8$

拓展性作业参考答案

1. B 2. $5x + 8（40 - x）= 300 - 55$

3. $\dfrac{2}{3}x \cdot x - 3 \times \dfrac{1}{2}\pi \cdot（\dfrac{1}{2} \times \dfrac{2}{3}x）^2 = 120$

4. （1）$15（20 - x）= 75$ （2）$15x（20 - x）= 1\,125$

第二课时　从算式到方程（二）

课时目标

学生通过作业练习加深对方程的解和一元一次方程定义的理解，进一步巩固列方程解决实际问题的思路，发展应用意识.

课时重难点

课时重点：方程的解的定义，一元一次方程的定义，列方程解决实际问题.

课时难点：方程的解的定义，一元一次方程的定义.

作业时长

基础性作业 10 分钟，拓展性作业 13 分钟，合计 23 分钟.

作业类型

☑个性化作业　☑分层作业　□开放性作业　☑探究性作业

□项目式作业　□跨学科作业　□综合与实践作业

基础性作业

1. 下列各选项中是方程 $1 - x = 0$ 的解是（　　　）

　　A. $x = 1$　　　　　B. $x = -1$　　　　C. $x = 0$　　　　D. $x = 2$

2. 若 $x = 4$ 是关于 x 的方程 $a - 2x = 1$ 的解，则 a 的值是_____.

3. 若 $x = -1$ 是关于 x 的方程 $x^2 - 2x + m = 0$ 的解，则 m 的值为_____.

4. $x = -3$，$x = \dfrac{5}{2}$ 是方程 $2x + 6 = 0$ 的解吗？

5. 下列方程中，属于一元一次方程的是（　　）

A. $x - 3 = y$　　　B. $x^2 - 1 = 0$　　　C. $x - 2 = \dfrac{1}{3}$　　　D. $\dfrac{2}{x} = 3$

6. 若关于 x 的方程 $(2k + 1)x + 3 = 0$ 是一元一次方程，则 k 的值不能为（　　）

A. 0　　　　　B. 1　　　　　C. $\dfrac{1}{2}$　　　　　D. $-\dfrac{1}{2}$

7. 若关于 x 的方程 $(m - 1)x^{m-3} + 1 = 0$ 是一元一次方程，则 m 的值为_____.

8. 根据题意列出方程，并判断是否为一元一次方程.

（1）x 与 5 的和的一半等于 x 与 4 的差；

（2）x 的 3 倍与 5 的和比 x 的平方大 2；

（3）钢琴素有"乐器之王"的美称，键盘上白色琴键和黑色琴键共有 88 个，白色琴键比黑色琴键多 16 个，若设黑色琴键的个数为 x.

基础性作业评价

基础性作业评价表				
评价指标	等级			备注
	A	B	C	
答题的准确性				A 等：答案正确，过程正确
				B 等：答案正确，过程有问题
				C 等：答案不正确，过程不完整；答案不正确，过程错误或无过程
答题的规范性				A 等：过程规范，答案正确
				B 等：过程不够规范、完整，答案正确
				C 等：过程不规范或无过程，答案错误
解法的创新性				A 等：解法有新意和独到之处，答案正确
				B 等：解法思路有创新，答案不完整或错误
				C 等：常规解法，思路不清楚，过程复杂或无过程
综合评价等级				AAA、AAB 综合评价为 A 等；ABB、BBB、AAC 综合评价为 B 等；其余情况综合评价为 C 等

◢ **基础性作业分析与设计意图**

第 1~4 题主要考查学生对方程的解的概念的理解.

第 5~8 题主要考查学生对一元一次方程的概念的理解，巩固其列方程解决实际问题的思路，发展应用意识.

◢ **拓展性作业**

1. 若 $(m-1)x^{|m|}-2=0$ 是关于 x 的一元一次方程，则 m 的值为（　　）

　　A. 1　　　　　　B. -1　　　　　　C. ± 1　　　　　　D. 2

2. 若 $x=2$ 是关于 x 的一元一次方程 $mx-n=3$ 的解，则 $4+6m-3n$ 的值是_____.

3. 根据下列问题，设未知数，列出方程，并判断是否为一元一次方程：

一次数学竞赛有 25 道选择题，选对一题得 4 分，选错或不答一题倒扣 2 分，小勤同学做了 25 题，得 82 分．小勤同学共答对了多少道题？

4.【阅读理解】

使方程左、右两边的值相等的未知数的值，叫作方程的解．如 $x=6$ 是方程 $3x=18$ 的解．已知方程 $3(a-1)=18$，若把 $(a-1)$ 看作一个整体，则 $(a-1)=6$；已知方程 $3(3b+2)=18$，若把 $(3b+2)$ 看作一个整体，则 $(3b+2)=6$.

【尝试运用】

（1）已知方程 $3(4m+5)=18$，则 $4m+5$ 的值为_____；

（2）已知方程 $\dfrac{3(n-7)}{2\,024}=18$，则 $\dfrac{n-7}{2\,024}$ 的值为_____；

【拓展创新】

（3）已知关于 x 的一元一次方程 $\dfrac{1}{2\,024}x+3=2x+b$ 的解为 $x=2$，求关于 y 的一元一次方程 $\dfrac{1}{2\,024}(y+3)+3=2(y+3)+b$ 的解.

拓展性作业评价

拓展性作业评价表				
评价指标	等级			备注
	A	B	C	
答题的准确性				A 等：答案正确，过程正确 B 等：答案正确，过程有问题 C 等：答案不正确，过程不完整；答案不正确，过程错误或无过程
答题的规范性				A 等：过程规范，答案正确 B 等：过程不够规范、完整，答案正确 C 等：过程不规范或无过程，答案错误
解法的创新性				A 等：解法有新意和独到之处，答案正确 B 等：解法思路有创新，答案不完整或错误 C 等：常规解法，思路不清楚，过程复杂或无过程
综合评价等级				AAA、AAB 综合评价为 A 等；ABB、BBB、AAC 综合评价为 B 等；其余情况综合评价为 C 等

拓展性作业分析与设计意图

第 1~2 题主要考查学生对方程的解的概念的理解，渗透整体代入的思想.

第 3 题主要考查学生对一元一次方程的概念的理解，巩固其列方程解决实际问题的思路，发展应用意识.

第 4 题主要是整体思想及换元思想的综合体现，发展学生灵活解决问题的能力.

基础性作业参考答案

1. A 2. 9 3. -3 4. $x = -3$ 是方程的解，$x = \dfrac{5}{2}$ 不是方程的解

5. C 6. D 7. 4

8. （1）$\dfrac{1}{2}(x+5) = x - 4$，是一元一次方程 （2）$3x + 5 = x^2 + 2$，不是一元一次方程 （3）$x + (x+16) = 88$，是一元一次方程

拓展性作业参考答案

1. B　2. 13

3. 设小勤同学答对了 x 道题，列方程为 $4x - 2(25 - x) = 82$，是一元一次方程

4. （1）6　（2）6　（3）$y = -1$

第三课时　等式的性质

课时目标

学生通过作业练习巩固对等式的性质的理解，提高运算能力．

课时重难点

课时重点：等式的性质．

课时难点：等式的性质．

作业时长

基础性作业 10 分钟，拓展性作业 12 分钟，合计 22 分钟．

作业类型

☑个性化作业　☑分层作业　□开放性作业　☑探究性作业
□项目式作业　□跨学科作业　□综合与实践作业

基础性作业

1. 填空：

（1）在等式 $x + 5 = 7$ 的两边都_____，得 $x = 2$，根据是_____；

（2）在等式 $x - 3 = 8$ 的两边都_____，得 $x = 11$，根据是_____；

（3）在等式 $-\dfrac{x}{3} = 4$ 的两边都_____，得 $x =$ _____，根据是_____；

（4）如果 $-4x = -8$，那么 $x =$ _____，是等式两边都_____得到的，根据是_____．

2. 若 $a = b$，则 $a + 3 =$ _____，$4 - a =$ _____，$-2a + 1 =$ _____．

3. 若 $4m = 2n$，则 $n =$ _____ m；若 $a = 2b$，$b = 3c$，则 $a =$ _____ c.

4. 如果 $x = y$，那么下列变形不一定正确的是（　　）

　　A. $-x = -y$　　　　B. $x + y = 0$　　　　C. $x - 2 = y - 2$　　　　D. $\dfrac{x}{5} = \dfrac{y}{5}$

5. 下列运用等式的性质，变形不正确的是（   ）

    A. 若 $a=b$，则 $a+9=9+b$ B. 若 $m=n$，则 $m-2=n-2$

    C. 若 $\dfrac{a}{3}=\dfrac{b}{3}$，则 $a=b$ D. 若 $ac=bc$，则 $a=b$

6. 根据等式的性质填空：

（1）若 $3x=4-2x$，则 $3x+$ _____ $=4$；

（2）若 $8m=10n$，则 $2m=$ _____ $\cdot n$.

7. 利用等式的性质解下列方程，并检验.

（1）$-\dfrac{1}{3}x-5=4$；   （2）$6x=4x-3$.

基础性作业评价

基础性作业评价表			
评价指标	等级		备注
	A	B	C	

评价指标	A	B	C	备注
答题的准确性				A 等：答案正确，过程正确 B 等：答案正确，过程有问题 C 等：答案不正确，过程不完整；答案不正确，过程错误或无过程
答题的规范性				A 等：过程规范，答案正确 B 等：过程不够规范、完整，答案正确 C 等：过程不规范或无过程，答案错误
解法的创新性				A 等：解法有新意和独到之处，答案正确 B 等：解法思路有创新，答案不完整或错误 C 等：常规解法，思路不清楚，过程复杂或无过程
综合评价等级				AAA、AAB 综合评价为 A 等；ABB、BBB、AAC 综合评价为 B 等；其余情况综合评价为 C 等

基础性作业分析与设计意图

第 1~7 题主要考查学生对等式的性质的理解和运用，提高学生的运算能力.

拓展性作业

1. 将方程 $2（x-1）=3（x-1）$ 的两边同除以 $x-1$，得 $2=3$，其错误的

原因是（　　）

    A. 方程本身是错的　　　　　　B. 方程无解

    C. $x-1$ 的值为0　　　　　　　D. $2(x-1)$ 小于 $3(x-1)$

2. 下列变形：①如果 $a^2 = 3a$，那么 $a = 3$；②如果 $\dfrac{a}{c} = \dfrac{b}{c}$，那么 $a = b$；

③如果 $\dfrac{1}{a} = \dfrac{1}{b}$，那么 $a = b$；④如果 $a = b$，那么 $\dfrac{a}{c^2+1} = \dfrac{b}{c^2+1}$．其中正确的是

_____（填序号）．

3. 观察图1，若天平保持平衡，在图2天平的右盘中需放入_____个○才能使其平衡．

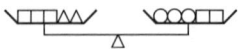　　　　　　

图1　　　　　　　　　　　　　　　图2

4. 利用等式的性质解下列方程：

    （1）$4x = 6x - \dfrac{3}{4} - 5x$；　　　　　（2）$5x - 3 = -2x + 11$．

5. 请根据下图中提供的信息，计算一个暖瓶与一个水杯分别是多少元．

共43元　　　　　　　　共94元

6. 在下面的表格中，从左到右依次在每个小方格中填入一个数，使得其中任意三个相邻方格中所填数字之和相等，例如：$a + b + x = b + x + (-2)$．

第1格	第2格	第3格	第4格	第5格	第6格	第7格	第8格	第9格	…	第 n 格
8	a	b	x	-2				-3	…	

    （1）求出第4格中的数 x；

    （2）第6格中的数是_____（填具体数）；

    （3）求前2 022个小方格中的数的总和．

◢ 拓展性作业评价 ◣

<table>
<tr><td colspan="5" align="center">拓展性作业评价表</td></tr>
<tr><td rowspan="2">评价指标</td><td colspan="3">等级</td><td rowspan="2">备注</td></tr>
<tr><td>A</td><td>B</td><td>C</td></tr>
<tr><td>答题的准确性</td><td></td><td></td><td></td><td>A 等：答案正确，过程正确
B 等：答案正确，过程有问题
C 等：答案不正确，过程不完整；答案不正确，过程错误或无过程</td></tr>
<tr><td>答题的规范性</td><td></td><td></td><td></td><td>A 等：过程规范，答案正确
B 等：过程不够规范、完整，答案正确
C 等：过程不规范或无过程，答案错误</td></tr>
<tr><td>解法的创新性</td><td></td><td></td><td></td><td>A 等：解法有新意和独到之处，答案正确
B 等：解法思路有创新，答案不完整或错误
C 等：常规解法，思路不清楚，过程复杂或无过程</td></tr>
<tr><td>综合评价等级</td><td></td><td></td><td></td><td>AAA、AAB 综合评价为 A 等；ABB、BBB、AAC 综合评价为 B 等；其余情况综合评价为 C 等</td></tr>
</table>

◢ 拓展性作业分析与设计意图 ◣

第 1~5 题主要强化学生对等式的性质的理解和运用，提高运算能力.

第 6 题主要考查学生对一元一次方程的运用，培养观察、归纳能力.

◢ 基础性作业参考答案 ◣

1. （1）减 5 等式的性质 1 （2）加 3 等式的性质 1 （3）乘 -3 -12 等式的性质 2 （4）2 除以 -4 等式的性质 2

2. $b+3$ 4 $-b$ $-2b+1$ 3. 2 6 4. B 5. D 6. （1）$2x$ （2）2.5

7. （1）$x=-27$ （2）$x=-1.5$

◢ 拓展性作业参考答案 ◣

1. C 2. ②③④ 3. 6 4. （1）$x=-\dfrac{1}{4}$ （2）$x=2$

5. 一个暖瓶 35 元，一个水杯 8 元

6. （1）8 （2）-3 （3）2 022

第四课时　解一元一次方程——合并同类项

课时目标

学生通过作业练习理解合并同类项法则，能用合并同类项等步骤解一元一次方程，发展运算能力和推理能力.

课时重难点

课时重点：正确合并同类项并解一元一次方程.

课时难点：正确合并同类项并解一元一次方程，确定相等关系列出一元一次方程.

作业时长

基础性作业 10 分钟，拓展性作业 10 分钟，合计 20 分钟.

作业类型

☑个性化作业　☑分层作业　□开放性作业　□探究性作业

□项目式作业　□跨学科作业　□综合与实践作业

基础性作业

1. 合并同类项：

（1）$3x + 2x =$ _____；

（2）$-3x - 4x =$ _____；

（3）$-6y + 4y - y =$ _____；

（4）$a - \dfrac{2}{3}a + \dfrac{1}{2}a =$ _____.

2. 已知 $x = -3$ 是方程 $x - 5 = -2a$ 的解，则 a 的值是（　　　）

　A. -1　　　　　B. 4　　　　　C. -4　　　　　D. 2

3. 已知关于 x 的方程 $4x - 3m = 2$ 的解是 $x = m$，则 m 的值是 _____.

4. 方程 $2x - 3x = 2 + 3$ 的解是 _____.

5. 解下列方程：

（1）$2x - 4x + 3x = 5$；

（2）$10m - 8m = 2 - 6$；

（3）$2.5y - 8y + 5y = 1 - 3$；

（4）$\dfrac{1}{3}a - \left(\dfrac{1}{2}a + \dfrac{1}{6}a \right) = -6 \times 2$.

6. 长方形的长与宽之比是 $3 : 2$，且周长为 60，则长方形的长与宽分别为 _____ 和 _____.

7. 长安轿车制造厂二月份比一月份的产量多 50 辆，三月份的产量是一月份产量的 1.5 倍，第一季度的总产量为 750 辆，则一月份的产量为_____辆．

8.《算学启蒙》中有一道题，原文为：良马日行二百四十里，驽马日行一百五十里．驽马先行一十二日，问良马几何追及之？译文为：跑得快的马每天走 240 里，跑得慢的马每天走 150 里．慢马先走 12 天，快马几天可以追上慢马？

基础性作业评价

评价指标	等级			备注
	A	B	C	
答题的准确性				A 等：答案正确，过程正确 B 等：答案正确，过程有问题 C 等：答案不正确，过程不完整；答案不正确，过程错误或无过程
答题的规范性				A 等：过程规范，答案正确 B 等：过程不够规范、完整，答案正确 C 等：过程不规范或无过程，答案错误
解法的创新性				A 等：解法有新意和独到之处，答案正确 B 等：解法思路有创新，答案不完整或错误 C 等：常规解法，思路不清楚，过程复杂或无过程
综合评价等级				AAA、AAB 综合评价为 A 等；ABB、BBB、AAC 综合评价为 B 等；其余情况综合评价为 C 等

基础性作业评价表

基础性作业分析与设计意图

第 1 题主要是复习整式的合并同类项，为解方程做好准备．

第 2~5 题主要考查学生对利用合并同类项法解一元一次方程的掌握．

第 6~8 题主要考查利用合并同类项法解一元一次方程的简单应用，培养学生的综合应用能力．

拓展性作业

1. 若关于 x 的方程 $x - 0.5x = 3 - 1$ 与 $3x = k + 2k$ 的解相同，则 k 的值是（   ）

A. 1   B. 4   C. 10   D. −12

2. 对任意四个有理数 a，b，c，d，定义新运算：$\begin{vmatrix} a & b \\ c & d \end{vmatrix} = ad - bc$，若 $\begin{vmatrix} 2x & -4 \\ x & 1 \end{vmatrix} = 18$，则 x 的值是_____．

3. 解方程：

（1）$\dfrac{1}{3}x - \dfrac{5}{6}x = -\dfrac{5}{7} - \dfrac{1}{7}$；   （2）$-\dfrac{2}{5}y + y = -13 + 22$．

4. 有一列数，按一定规律排列成 1，−2，4，−8，16，−32，64，−128，…其中某三个相邻数的和是 768，这三个数各是多少？

5. 一个三位数，百位上的数字为 x，十位上的数字是百位上的数字的 3 倍，个位上的数字比百位上的数字大 2．交换百位和十位上的数字后得到一个新三位数．若这个新三位数与原三位数的和为 888．求原三位数．

6. 如右图所示，一块长为 a cm、宽为 2 cm 的长方形纸板④，一块长为 4 cm、宽为 1 cm 的长方形纸板②，与一块正方形纸板①以及两块不同的长方形纸板③和⑤，恰好拼成一个大正方形．

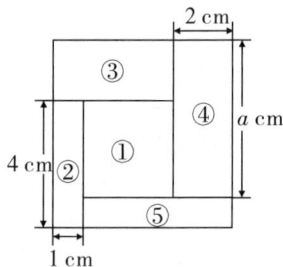

（1）若 $a = 5$，求大正方形的面积；

（2）若长方形④的周长比长方形⑤的周长大 4 cm，求大正方形的面积．

▮ **拓展性作业评价**

拓展性作业评价表			
评价指标	等级		备注
	A	B	C	
答题的准确性				A 等：答案正确，过程正确 B 等：答案正确，过程有问题 C 等：答案不正确，过程不完整；答案不正确，过程错误或无过程
答题的规范性				A 等：过程规范，答案正确 B 等：过程不够规范、完整，答案正确 C 等：过程不规范或无过程，答案错误

（续上表）

拓展性作业评价表				
评价指标	等级			备注
	A	B	C	
解法的创新性				A 等：解法有新意和独到之处，答案正确
				B 等：解法思路有创新，答案不完整或错误
				C 等：常规解法，思路不清楚，过程复杂或无过程
综合评价等级				AAA、AAB 综合评价为 A 等；ABB、BBB、AAC 综合评价为 B 等；其余情况综合评价为 C 等

拓展性作业分析与设计意图

第 1~6 题围绕合并同类项法解一元一次方程的知识点，进行综合应用训练，培养学生综合应用的能力.

基础性作业参考答案

1.（1）$5x$　（2）$-7x$　（3）$-3y$　（4）$\dfrac{5}{6}a$　2. B　3. 2　4. $x = -5$

5.（1）$x = 5$　（2）$m = -2$　（3）$y = 4$　（4）$a = 36$

6. 18　12　7. 200　8. 20 天

拓展性作业参考答案

1. B　2. 3　3.（1）$x = \dfrac{12}{7}$　（2）$y = 15$　4. 256　-512　1 024

5. 264　6.（1）36 cm^2　（2）64 cm^2

第五课时　解一元一次方程——移项

课时目标

学生通过作业练习理解移项法则，会用移项等步骤解一元一次方程，发展运算能力和推理能力.

课时重难点

课时重点：正确移项并解一元一次方程.

课时难点：正确移项并解一元一次方程，确定相等关系列出一元一次方程.

作业时长

基础性作业 10 分钟，拓展性作业 8 分钟，合计 18 分钟．

作业类型

☑个性化作业　☑分层作业　□开放性作业　□探究性作业
□项目式作业　□跨学科作业　□综合与实践作业

基础性作业

1. 解方程 $5x - 3 = 2x + 2$，移项正确的是（　　）

　A. $5x - 2x = 3 + 2$　　　　　　　B. $5x + 2x = 3 + 2$

　C. $5x - 2x = 2 - 3$　　　　　　　D. $5x + 2x = 2 - 3$

2. 方程 $6x - 8 = 8x - 4$ 的解是（　　）

　A. $x = -2$　　　B. $x = 2$　　　C. $x = -6$　　　D. $x = 3$

3. 已知 $x = 2$ 是关于 x 的方程 $3x + 2a = 0$ 的一个解，则 a 的值是（　　）

　A. -6　　　　B. -3　　　　C. -4　　　　D. -5

4. 解方程：

（1）$3x + 7 = 32 - 2x$；　　　　　（2）$2x + 2.5x = -6 - 1.5x$；

（3）$6x - 7 = 4x - 5$；　　　　　（4）$-3 + y = 1.2y - 5$．

5. 甲厂库存钢材 100 吨，每月用去 15 吨；乙厂库存钢材 82 吨，每月用去 9 吨．经过几个月后，两厂剩下的钢材相等？

6. 小彬和几个同学想用自己的零用钱为社区老人购买生活用品，如果每人出 60 元，那么还剩 33 元；如果每人出 50 元，那么还差 27 元，求参加此次活动的人数．

基础性作业评价

基础性作业评价表				
评价指标	等级			备注
	A	B	C	
答题的准确性				A 等：答案正确，过程正确 B 等：答案正确，过程有问题 C 等：答案不正确，过程不完整；答案不正确，过程错误或无过程

（续上表）

基础性作业评价表				
评价指标	等级			备注
	A	B	C	
答题的规范性				A 等：过程规范，答案正确
				B 等：过程不够规范、完整，答案正确
				C 等：过程不规范或无过程，答案错误
解法的创新性				A 等：解法有新意和独到之处，答案正确
				B 等：解法思路有创新，答案不完整或错误
				C 等：常规解法，思路不清楚，过程复杂或无过程
综合评价等级				AAA、AAB 综合评价为 A 等；ABB、BBB、AAC 综合评价为 B 等；其余情况综合评价为 C 等

▰ 基础性作业分析与设计意图

第 1~5 题主要考查学生对利用移项法解一元一次方程的掌握.

第 6 题主要考查移项法解一元一次方程的简单应用，培养学生的综合应用能力.

▰ 拓展性作业

1. 如果方程 $1 = 3 - 2x$ 与关于 x 的方程 $2 = \dfrac{a - x}{3}$ 的解相同，则 a 的值为_____.

2. 如右图，在一个三阶幻方中，若处于每一横行、每一竖列，以及两条斜对角线上的 3 个数之和都相等，则这个幻方中 m 的值为_____.

-5		
	0	$-m+4$
$m+3$		

3. 方程 $|x| = 2x - 2$ 的解是_____.

4. 王芳和李丽同时采摘樱桃，王芳平均每小时采摘 8 kg，李丽平均每小时采摘 7 kg. 采摘结束后王芳从她采摘的樱桃中取出 0.25 kg 给了李丽，这时两人的樱桃一样多，请问她们采摘用了多少小时？

▰ 拓展性作业评价

<table>
<tr><td colspan="5" align="center">拓展性作业评价表</td></tr>
<tr><td rowspan="2" align="center">评价指标</td><td colspan="3" align="center">等级</td><td rowspan="2" align="center">备注</td></tr>
<tr><td>A</td><td>B</td><td>C</td></tr>
<tr><td align="center">答题的准确性</td><td></td><td></td><td></td><td>A 等：答案正确，过程正确
B 等：答案正确，过程有问题
C 等：答案不正确，过程不完整；答案不正确，过程错误或无过程</td></tr>
<tr><td align="center">答题的规范性</td><td></td><td></td><td></td><td>A 等：过程规范，答案正确
B 等：过程不够规范、完整，答案正确
C 等：过程不规范或无过程，答案错误</td></tr>
<tr><td align="center">解法的创新性</td><td></td><td></td><td></td><td>A 等：解法有新意和独到之处，答案正确
B 等：解法思路有创新，答案不完整或错误
C 等：常规解法，思路不清楚，过程复杂或无过程</td></tr>
<tr><td align="center">综合评价等级</td><td></td><td></td><td></td><td>AAA、AAB 综合评价为 A 等；ABB、BBB、AAC 综合评价为 B 等；其余情况综合评价为 C 等</td></tr>
</table>

▰ 拓展性作业分析与设计意图

第 1~3 题主要考查移项法解一元一次方程类型题的综合应用，培养学生的综合应用能力．

第 4 题主要考查移项法解一元一次方程的实际应用．

▰ 基础性作业参考答案

1. A　2. A　3. B　4.（1）$x=5$　（2）$x=-1$　（3）$x=1$　（4）$y=10$
5. 3 个月　6. 6 人

▰ 拓展性作业参考答案

1. 7　2. 3　3. $x=2$　4. 0.5 小时

第六课时　解一元一次方程——去括号

课时目标

学生通过作业练习理解去括号法则，能用去括号等步骤解一元一次方程，发展运算能力和推理能力.

课时重难点

课时重点：正确去括号并解一元一次方程.

课时难点：正确去括号并解一元一次方程，确定相等关系列出一元一次方程.

作业时长

基础性作业 10 分钟，拓展性作业 12 分钟，合计 22 分钟.

作业类型

☑个性化作业　☑分层作业　□开放性作业　☑探究性作业

□项目式作业　□跨学科作业　□综合与实践作业

基础性作业

1. 去括号填空：

(1) $2(x-3) =$ _____；

(2) $-(2x-y+z) =$ _____；

(3) $-(b-a) + (-c-d) =$ _____；

(4) $(a-b) -2(-c+d) =$ _____.

2. 在解方程 $6(x-4) = 7 - (x-1)$ 的过程中，去括号正确的是（　　）

　　A. $6x-4 = 7-x+1$ 　　　　　　　B. $6x-24 = 7-x-1$

　　C. $6x-4 = 7-x-1$ 　　　　　　　D. $6x-24 = 7-x+1$

3. 若式子 $9x+6$ 与式子 $3(x-1) -9$ 的值相等，则 x 的值为_____.

4. 解下列方程：

(1) $3x-2 = 1-2(x+1)$；

(2) $3x-2(10-x) = 5$；

(3) $2-(4-x) = 6x-2(x+1)$；

(4) $2(0.3x+4) -5(0.2x-5) = 9$.

5. 一架飞机在两城之间飞行，顺风需 5 h，逆风需 6 h，已知风速是

24 km/h，求两城之间的距离．

6. 根据下图中信息解决问题：求出每个足球、每根跳绳的价格．

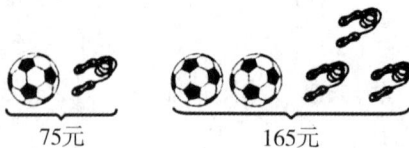

75元　　　　　165元

基础性作业评价

基础性作业评价表			
评价指标	等级		备注
	A	B	C	
答题的准确性				A 等：答案正确，过程正确 B 等：答案正确，过程有问题 C 等：答案不正确，过程不完整；答案不正确，过程错误或无过程
答题的规范性				A 等：过程规范，答案正确 B 等：过程不够规范、完整，答案正确 C 等：过程不规范或无过程，答案错误
解法的创新性				A 等：解法有新意和独到之处，答案正确 B 等：解法思路有创新，答案不完整或错误 C 等：常规解法，思路不清楚，过程复杂或无过程
综合评价等级				AAA、AAB 综合评价为 A 等；ABB、BBB、AAC 综合评价为 B 等；其余情况综合评价为 C 等

基础性作业分析与设计意图

第 1 题主要是复习去括号法则，为解方程做好准备．

第 2～4 题主要考查学生对利用去括号法解一元一次方程的掌握．

第 5～6 题主要考查利用去括号法解一元一次方程的简单应用，培养学生综合应用的能力．

拓展性作业

1. 已知关于 x 的方程 $3x - 2k = 2$ 的解是 $x = k - 2$，则 k 的值是_____．

2. 规定：用 (a, b) 表示 a，b 中较小的数，用 $[a, b]$ 表示 a，b 中较大的数. 例如：$(-2, 3) = -2$，$[-2, 3] = 3$. 则关于 x 的方程 $(x, 3) - 2[x+1, x+3] = 10$ 的解为 _____.

3. 已知关于 x 的方程 $x(2m-1) = 3x + 2m + 2$ 的解是 $x = -2$，求 $5m - 2(m-3)$ 的值.

4. 《孙子算经》是中国古代重要的数学著作，是《算经十书》之一，书中记载了这样一道题目：今有木，不知长短，引绳度之，余绳四尺五寸；屈绳量之，不足一尺，木长几何? 译文：用一根绳子去量一根长木，绳子还剩余 4.5 尺；将绳子对折再量长木，长木还剩余 1 尺，问木长多少尺?

5. 【阅读理解】

在解形如 $3|x-1| = |2x-2| + 4$ 这一类含有绝对值的方程时，我们可以根据绝对值的意义分 $x < 1$ 和 $x \geqslant 1$ 两种情况讨论：

当 $x < 1$ 时，原方程可化为 $3(-x+1) = -(2x-2) + 4$，解得 $x = -3$，符合 $x < 1$；

当 $x \geqslant 1$ 时，原方程可化为 $3(x-1) = 2x - 2 + 4$，解得 $x = 5$，符合 $x \geqslant 1$.

所以原方程的解为 $x = -3$ 或 $x = 5$.

【尝试应用】

运用分类讨论去绝对值的方法解方程：$4|2-x| - |3x-6| = 8 + 3x$.

拓展性作业评价

拓展性作业评价表				
评价指标	等级			备注
	A	B	C	
答题的准确性				A 等：答案正确，过程正确
				B 等：答案正确，过程有问题
				C 等：答案不正确，过程不完整；答案不正确，过程错误或无过程
答题的规范性				A 等：过程规范，答案正确
				B 等：过程不够规范、完整，答案正确
				C 等：过程不规范或无过程，答案错误

（续上表）

拓展性作业评价表				
评价指标	等级			备注
	A	B	C	
解法的创新性				A 等：解法有新意和独到之处，答案正确 B 等：解法思路有创新，答案不完整或错误 C 等：常规解法，思路不清楚，过程复杂或无过程
综合评价等级				AAA、AAB 综合评价为 A 等；ABB、BBB、AAC 综合评价为 B 等；其余情况综合评价为 C 等

◤ 拓展性作业分析与设计意图

第 1～3 题主要深化学生对去括号法解一元一次方程的掌握．

第 4～5 题主要考查去括号法解一元一次方程的综合应用，培养学生综合应用的能力．

◤ 基础性作业参考答案

1. （1）$2x-6$　　（2）$-2x+y-z$　　（3）$-b+a-c-d$　　（4）$a-b+2c-2d$

2. D　3. -3　4. （1）$x=\dfrac{1}{5}$　　（2）$x=5$　　（3）$x=0$　　（4）$x=60$

5. 1 440 km　6. 每个足球 60 元，每根跳绳 15 元

◤ 拓展性作业参考答案

1. 8　2. $x=-16$　3. 9　4. 6.5 尺

5. 当 $x<2$ 时，$x=-\dfrac{3}{2}$；当 $x\geqslant 2$ 时，$x=-5$

第七课时　解一元一次方程——去分母

◤ 课时目标

学生通过作业练习理解去分母法则，能用去分母等步骤解一元一次方程，发展运算能力和推理能力．

课时重难点

课时重点：正确去分母并解一元一次方程．

课时难点：正确去分母并解一元一次方程，确定相等关系列出一元一次方程．

作业时长

基础性作业 10 分钟，拓展性作业 10 分钟，合计 20 分钟．

作业类型

☑个性化作业　☑分层作业　□开放性作业　☑探究性作业

□项目式作业　□跨学科作业　□综合与实践作业

基础性作业

1. 解方程 $\dfrac{3y-1}{4}-1=\dfrac{2y+7}{6}$，去分母时，方程两边都乘（　　）

　　A. 10　　　　　　B. 6　　　　　　C. 12　　　　　　D. 4

2. 方程 $x-\dfrac{1-x}{4}=-1$ 去分母正确的是（　　）

　　A. $x-1-x=-1$　　　　　　　　B. $4x-1-x=-4$

　　C. $4x-1+x=-4$　　　　　　　　D. $4x-1+x=-1$

3. 解方程 $\dfrac{x-1}{2}-\dfrac{2x+3}{3}=1$，去分母正确的是（　　）

　　A. $3(x-1)-2(2+3x)=1$　　　B. $3(x-1)-2(2x+3)=6$

　　C. $3x-1-4x+3=1$　　　　　　D. $3x-1-4x+3=6$

4. 解下列方程：

(1) $\dfrac{2x-1}{3}=\dfrac{3x+1}{6}$；　　　　　　(2) $\dfrac{y+2}{4}-\dfrac{2y-3}{6}=1$；

(3) $\dfrac{x+1}{2}-1=2+\dfrac{2-x}{4}$；　　　　(4) $\dfrac{2x-0.3}{0.5}-\dfrac{x+0.4}{0.3}=1$.

5. 星期天小勤和爸爸进行一次家庭卫生大扫除．根据这次大扫除的任务量，若小勤单独完成需 4 h；若爸爸单独完成需 2 h. 当天，小勤先单独打扫了一段时间后，然后去参加篮球训练，接着由爸爸单独完成了剩余的打扫任务，小勤和爸爸这次一共打扫了 3 h，求这次大扫除小勤打扫了多长时间？

基础性作业评价

<table>
<tr><td colspan="5">基础性作业评价表</td></tr>
<tr><td rowspan="2">评价指标</td><td colspan="3">等级</td><td rowspan="2">备注</td></tr>
<tr><td>A</td><td>B</td><td>C</td></tr>
<tr><td>答题的准确性</td><td></td><td></td><td></td><td>A 等：答案正确，过程正确
B 等：答案正确，过程有问题
C 等：答案不正确，过程不完整；答案不正确，过程错误或无过程</td></tr>
<tr><td>答题的规范性</td><td></td><td></td><td></td><td>A 等：过程规范，答案正确
B 等：过程不够规范、完整，答案正确
C 等：过程不规范或无过程，答案错误</td></tr>
<tr><td>解法的创新性</td><td></td><td></td><td></td><td>A 等：解法有新意和独到之处，答案正确
B 等：解法思路有创新，答案不完整或错误
C 等：常规解法，思路不清楚，过程复杂或无过程</td></tr>
<tr><td>综合评价等级</td><td></td><td></td><td></td><td>AAA、AAB 综合评价为 A 等；ABB、BBB、AAC 综合评价为 B 等；其余情况综合评价为 C 等</td></tr>
</table>

基础性作业分析与设计意图

第 1~4 题主要考查学生对利用去分母法解一元一次方程的掌握.

第 5 题主要考查利用去分母法解一元一次方程的简单应用，培养学生的综合应用能力.

拓展性作业

1. 若关于 x 的一元一次方程 $\dfrac{2x-k}{3} - \dfrac{x-3k}{2} = 1$ 的解是 $x=-1$，则 k 的值是_____.

2. 小军同学在解关于 x 的方程 $\dfrac{2x-1}{3} = \dfrac{x+m}{2} - 1$ 去分母时，方程右边的 -1 没有乘 6，因而得到方程的解为 $x=2$，求 m 的值和方程的正确解.

3. 京张高铁是 2022 年北京冬奥会的重要交通基础设施，其中，北京北站到清河段全长 11 km，分为地下清华园隧道和地上区间两部分，运行速度分别设计为 80 km/h 和 120 km/h，按此运行速度，地下隧道运行时间比地上运行时间大约多 3 min，则清华园隧道有多长?

4. 已知关于 x 的方程 $\dfrac{kx+a}{6} - \dfrac{x-bk}{3} = 2$，其中 a，b，k 为常数.

（1）当 $k=3$，$a=-1$，$b=1$ 时，求该方程的解；

（2）若原方程有无数个解，求 $a+4b$ 的值；

（3）若无论 k 为何值时，该方程的解总是 $x=-3$，求 ab 的值.

◢ 拓展性作业评价

拓展性作业评价表				
评价指标	等级			备注
	A	B	C	
答题的准确性				A 等：答案正确，过程正确
				B 等：答案正确，过程有问题
				C 等：答案不正确，过程不完整；答案不正确，过程错误或无过程
答题的规范性				A 等：过程规范，答案正确
				B 等：过程不够规范、完整，答案正确
				C 等：过程不规范或无过程，答案错误
解法的创新性				A 等：解法有新意和独到之处，答案正确
				B 等：解法思路有创新，答案不完整或错误
				C 等：常规解法，思路不清楚，过程复杂或无过程
综合评价等级				AAA、AAB 综合评价为 A 等；ABB、BBB、AAC 综合评价为 B 等；其余情况综合评价为 C 等

◢ 拓展性作业分析与设计意图

第 1~4 题主要考查利用去分母法解一元一次方程的综合应用，培养学生的综合应用能力.

◢ 基础性作业参考答案

1. C　2. C　3. B　4.（1）$x=3$　（2）$y=0$　（3）$x=4$　（4）$x=4.4$

5. 2 小时

◤ **拓展性作业参考答案**

1. 1   2. $m = \dfrac{1}{3}$，$x = -3$ 3. 6 km

4. （1）$x = 7$ （2）$a + 4b = 12$ （3）$ab = 9$

第八课时　实际问题与一元一次方程（第1课时）——配套问题、工程问题

◤ **课时目标**

学生通过作业练习理解建立配套问题、工程问题模型解决实际问题，提升模型观念，增强应用意识．

◤ **课时重难点**

课时重点：建立配套问题、工程问题模型解决实际问题．

课时难点：建立配套问题、工程问题模型解决实际问题．

◤ **作业时长**

基础性作业 10 分钟，拓展性作业 10 分钟，合计 20 分钟．

◤ **作业类型**

☑个性化作业　☑分层作业　□开放性作业　□探究性作业
□项目式作业　□跨学科作业　□综合与实践作业

◤ **基础性作业**

1. 工厂用某种铝片 200 张制作一批听装饮料瓶，每张铝片可制作瓶身 16 个或制作瓶底 45 个，已知一个瓶身和两个瓶底配成一套．请问用其中多少张铝片制作瓶身，可以使制作的瓶身和瓶底刚好配套？设用 x 张铝片制作瓶身，则下面所列方程正确的是（　　　）

　　A. $2 \times 16x = 45 (200 - x)$　　　　　B. $16x = 2 \times 45 (200 - x)$

　　C. $16x = 45 (200 - x)$　　　　　　　D. $45x = 2 \times 16 (200 - x)$

2. 制作一张桌子要用 1 个桌面和 4 条桌腿，1 根木材可以制作 20 个桌面或者制作 400 条桌腿．现有 12 根木材，要使制作出来的桌面和桌腿恰好配成桌子，用来制作桌面的木材根数为（　　　）

　　A. 2　　　　　　B. 6　　　　　　C. 8　　　　　　D. 10

3. 已知工厂共54人，每人每天可加工杯身80个或杯盖100个，已知一个杯身配一个杯盖，为了使每天生产的杯身与杯盖正好配套，需要安排_____人生产杯身．

4. 某车间有60个工人，生产甲、乙两种零件，每人每天平均能生产甲种零件24个或乙种零件12个．已知每2个甲种零件和3个乙种零件配成一套，问应分配多少人生产甲种零件，多少人生产乙种零件，才能使每天生产的这两种零件刚好配套？

5. 甲、乙两个工程队共同承接了某村"煤改气"工程，甲队单独施工需10天完成，乙队单独施工需15天完成．若甲队先做5天，剩下部分由两队合做，则完成该工程还需要（　　　）

A. 8 天　　　　　B. 5 天　　　　　C. 3 天　　　　　D. 2 天

6. 列方程解应用题：

今年暑假期间，某校对校园进行了整改，整个校园面貌焕然一新．

（1）7月份甲工程队先接到了铺设1 200平方米地砖的施工任务，铺设了800平方米后，为了赶工期，提高了铺设速度，又施工4天后，完成全部任务，求甲工程队提速后每天铺设地砖多少平方米？

（2）8月份增加乙工程队，与甲工程队同时施工．若甲工程队按（1）中提速后的施工速度进行施工，则两队需要13天完工．为了不影响正常开学，实际施工时，甲工程队的施工速度提高了10%，乙工程队的施工速度提高了25%，结果11天完工，求乙工程队原计划每天铺设地砖多少平方米？

■ **基础性作业评价**

基础性作业评价表				
评价指标	等级			备注
	A	B	C	
答题的准确性				A 等：答案正确，过程正确 B 等：答案正确，过程有问题 C 等：答案不正确，过程不完整；答案不正确，过程错误或无过程
答题的规范性				A 等：过程规范，答案正确 B 等：过程不够规范、完整，答案正确 C 等：过程不规范或无过程，答案错误

（续上表）

基础性作业评价表			
评价指标	等级		备注
	A	B	C	

评价指标	A	B	C	备注
解法的创新性				A 等：解法有新意和独到之处，答案正确 B 等：解法思路有创新，答案不完整或错误 C 等：常规解法，思路不清楚，过程复杂或无过程
综合评价等级				AAA、AAB 综合评价为 A 等；ABB、BBB、AAC 综合评价为 B 等；其余情况综合评价为 C 等

基础性作业分析与设计意图

第 1～4 题主要考查学生对配套问题的理解掌握.

第 5～6 题主要考查学生对工程问题的理解掌握.

拓展性作业

1. 某市对市区主干道进行绿化，现有甲、乙两个施工队，甲施工队有 15 名工人，乙施工队有 25 名工人，现计划有变，需要从乙施工队借调 x 名工人到甲施工队，刚好甲施工队人数是乙施工队人数的 3 倍，则 x 的值为（　　）

　　A. 13　　　　　　B. 14　　　　　　C. 15　　　　　　D. 16

2. 某工艺品车间有 20 名工人，平均每人每天可制作 12 个大花瓶或 10 个小饰品，已知 2 个大花瓶与 5 个小饰品配成一套，则要安排_____名工人制作大花瓶，才能使每天制作的大花瓶和小饰品刚好配套.

3. 一项工程，甲队单独完成需 30 天，乙队单独完成需 45 天，现甲队先单独做 20 天，之后两队合作.

（1）甲、乙两队合作多少天才能完成该工程？

（2）甲队施工一天需付工程款 3.5 万元，乙队施工一天需付工程款 2 万元．若该工程计划在 40 天内完成，在不超过计划天数的前提下，是由甲队或乙队单独完成该工程省钱，还是由甲、乙两队全程合作完成该工程省钱？

4. 某学校举行数学知识竞赛，学校打印室有 A、B 两台一体机可以印刷试卷．如果单独用 A 机器需要 45 分钟印刷完，如果单独用 B 机器需要 30 分钟印刷完，为了保密不能过早印刷试卷，为保障学生按时开始竞赛，学校决定在考试前用两台机器同时印刷.

（1）两台机器同时印刷，共需多少分钟才能印完？

（2）若两台机器同时印刷，10分钟后，B机器出了故障，暂时不能印刷，此时离发卷还有13分钟（老师领试卷的时间忽略不计）．如果由A机器单独完成剩下的印刷任务，会不会影响按时发卷考试？

（3）在（2）的问题中，B机器经过紧急抢修，2分钟后修好恢复正常使用，则学校能否按时发卷考试？

5. 学校体育节活动中，张老师为学校购买奖品，回到学校向总务处吴老师说："我买了两种书共120本，单价分别为12元和15元，买书前我领了2 000元，现在还余300元．"吴老师算了一下，说："你算错了．"

张老师连忙拿出发票，发现的确弄错了，因为他还买了一本笔记本，但笔记本的单价已模糊不清，只能辨认出是小于10元的整数．

请问：（1）吴老师为什么说张老师搞错了，请用方程知识给予解释；

（2）试问这本笔记本的单价可能是多少元？

◢ **拓展性作业评价**

拓展性作业评价表			
评价指标	等级		备注
	A	B	C	

评价指标	A	B	C	备注
答题的准确性				A等：答案正确，过程正确 B等：答案正确，过程有问题 C等：答案不正确，过程不完整；答案不正确，过程错误或无过程
答题的规范性				A等：过程规范，答案正确 B等：过程不够规范、完整，答案正确 C等：过程不规范或无过程，答案错误
解法的创新性				A等：解法有新意和独到之处，答案正确 B等：解法思路有创新，答案不完整或错误 C等：常规解法，思路不清楚，过程复杂或无过程
综合评价等级				AAA、AAB综合评价为A等；ABB、BBB、AAC综合评价为B等；其余情况综合评价为C等

拓展性作业分析与设计意图

第1~3题继续深化配套、工程问题，了解学生的理解掌握程度.

第4~5题为综合题，训练学生运用一元一次方程解决实际问题的能力，培养学生的综合应用能力.

基础性作业参考答案

1．A 2．D 3.30 4．分配15人生产甲种零件，45人生产乙种零件

5．C 6．（1）100平方米 （2）120平方米

拓展性作业参考答案

1．C 2.5 3．（1）6天 （2）甲乙两队全程合作完成该工程省钱

4．（1）18分钟 （2）会影响 （3）能

5．（1）设购买单价为12元的书 x 本，则购买单价为15元的书为 $(120-x)$ 本.

由题意可列出方程：$12x+15(120-x)=2\,000-300$.

整理得 $3x=100$，解得 $x=\dfrac{100}{3}$. 显然，吴老师说张老师算错了是有道理的.

（2）2元、5元或8元

第九课时　实际问题与一元一次方程（第2课时）
——销售中的盈亏

课时目标

学生通过作业练习理解建立销售问题模型解决实际问题，提升模型观念，增强应用意识.

课时重难点

课时重点：建立销售问题模型解决实际问题.

课时难点：建立销售问题模型解决实际问题.

作业时长

基础性作业10分钟，拓展性作业12分钟，合计22分钟.

作业类型

☑个性化作业　☑分层作业　□开放性作业　□探究性作业
□项目式作业　□跨学科作业　□综合与实践作业

基础性作业

1. 为了季末清仓，某超市某品牌服装按原价第一次降价 20%，第二次降价 100 元，此时该服装的利润率是 10%．已知这种服装的进价为 600 元，那么这种服装的原价是多少？设这种服装的原价为 x 元，可列方程为（　　）

 A. $80\%(x-100)=600\times10\%$

 B. $80\%(x-100)-600=600\times10\%$

 C. $20\%x-100-600=600\times10\%$

 D. $80\%x-100-600=600\times10\%$

2. 一商家将每台充电宝先按成本提高 50% 标价，再以七折出售，结果获利 5 元，则每台充电宝的成本是（　　）

 A. 120 元　　　B. 110 元　　　C. 100 元　　　D. 90 元

3. 某种商品每件的进价为 120 元，标价为 180 元．为了拓展销路，商店准备打折销售．若使利润率为 20%，则商店应打（　　）

 A. 五折　　　B. 六折　　　C. 七折　　　D. 八折

4. 由于换季，商场准备对某商品打折出售，如果按原售价的七五折出售，将亏损 25 元，而按原售价的九折出售，将盈利 20 元，则该商品的原售价为＿＿＿＿元．

5. 一套实验器材的价格为 1 650 元，商家打八折售出仍可盈利 10%．若以 1 650 元售出，则可盈利＿＿＿＿元．

6. 某商场足球促销，广告如右图所示，则原价应该是＿＿＿＿元．

原价＿＿＿＿元，享八折优惠，现价88元

7. 某奶茶店的一款主打奶茶分为线上和线下两种销售模式，消费者从线上下单，每次可使用"满 30 减 28"消费券一张（线下下单没有该消费券），同规格的一杯奶茶，线上价格比线下高 20%，外卖配送费为 4 元/次，订单显示用券后线上一次性购买 6 杯该款奶茶实际支付金额和线下购买 6 杯该款奶茶支付金额一样多，求该款奶茶线下的销售价格．

基础性作业评价

<table>
<tr><td colspan="5" align="center">基础性作业评价表</td></tr>
<tr><td rowspan="2">评价指标</td><td colspan="3" align="center">等级</td><td rowspan="2" align="center">备注</td></tr>
<tr><td>A</td><td>B</td><td>C</td></tr>
<tr><td>答题的准确性</td><td></td><td></td><td></td><td>A 等：答案正确，过程正确
B 等：答案正确，过程有问题
C 等：答案不正确，过程不完整；答案不正确，过程错误或无过程</td></tr>
<tr><td>答题的规范性</td><td></td><td></td><td></td><td>A 等：过程规范，答案正确
B 等：过程不够规范、完整，答案正确
C 等：过程不规范或无过程，答案错误</td></tr>
<tr><td>解法的创新性</td><td></td><td></td><td></td><td>A 等：解法有新意和独到之处，答案正确
B 等：解法思路有创新，答案不完整或错误
C 等：常规解法，思路不清楚，过程复杂或无过程</td></tr>
<tr><td>综合评价等级</td><td></td><td></td><td></td><td>AAA、AAB 综合评价为 A 等；ABB、BBB、AAC 综合评价为 B 等；其余情况综合评价为 C 等</td></tr>
</table>

基础性作业分析与设计意图

第 1~7 题主要是复习进价、标价、售价、利润、利润率等有关销售的数量关系，提高学生解决实际问题的能力．

拓展性作业

1. 已知某商店有两款进价不同的计算器都卖 80 元，其中一款盈利 60%，另一款亏损 20%，在这次买卖中，这家商店（　　）

　　A. 不盈不亏　　　B. 盈利 10 元　　　C. 亏损 10 元　　　D. 盈利 50 元

2. 商店元旦促销，某款衣服打八折销售．每件比标价少 35 元，仍获利 15 元．下列说法：①衣服标价为每件 175 元；②衣服促销单价为 140 元；③衣服的进价为每件 125 元；④不打折时商店的利润为每件 50 元．正确的共有（　　）

　　A. 4 个　　　　　　B. 3 个　　　　　　C. 2 个　　　　　　D. 1 个

3. 某药店经营的抗病毒药品，在市场紧缺的情况下提价 100%，物价部门查处后，限定其提价的幅度只能是原价的 10%，则该药品现在降价的幅度是

_____%.

4. 文具店销售某种笔袋，每个 18 元，小华去购买这种笔袋，结账时店员说："如果你再多买一个就可以打九折，价钱比现在便宜 36 元."小华说："那就多买一个吧，谢谢."根据两人的对话可知，小华结账时实际付款_____元.

5. 春节前夕，某商场用 14 500 元购进某种矿泉水和无糖茶共 500 箱，它们的成本价与销售价如下表所示：

类别	成本价（元/箱）	销售价（元/箱）
矿泉水	25	35
无糖茶	35	48

（1）商场这次购进矿泉水和无糖茶各多少箱？

（2）该商场售完这 500 箱矿泉水和无糖茶，可获利多少元？

6.【问题情景】

"双十一"已经发展成了所有电商平台的节日，也是全民购物的节日．在"双十一"期间，各大电商平台刮起购物狂潮．

【实践探究】

某平台甲、乙、丙三个直播间的促销活动如下表所示：

直播间	活动方案
甲	全场按标价的六折销售
乙	实行"满 100 元送 100 元购物券"（如：购买衣服 220 元，赠 200 元购物券，购物券可直接用于下次购物）
丙	实行"满 100 元减 50 元"（如：购买 220 元的商品，只需付款 120 元）

【问题解决】

根据以上活动信息，解决以下问题：

（1）甲、乙、丙直播间同时出售一种标价为 380 元的电饭煲和一种标价为 300 多元的电磁炉，若小鹿想买这两样厨房用具，通过计算发现在甲直播间同时购买电饭煲和电磁炉与在乙直播间先买电饭煲再买电磁炉所花费的钱数是相同的，则这种电磁炉的标价是多少元？

（2）在（1）的条件下，小鹿选择甲、乙、丙哪个直播间购买更合算？

拓展性作业评价

<table>
<tr><td colspan="5" align="center">拓展性作业评价表</td></tr>
<tr><td rowspan="2" align="center">评价指标</td><td colspan="3" align="center">等级</td><td rowspan="2" align="center">备注</td></tr>
<tr><td align="center">A</td><td align="center">B</td><td align="center">C</td></tr>
<tr><td align="center">答题的准确性</td><td></td><td></td><td></td><td>A 等：答案正确，过程正确
B 等：答案正确，过程有问题
C 等：答案不正确，过程不完整；答案不正确，过程错误或无过程</td></tr>
<tr><td align="center">答题的规范性</td><td></td><td></td><td></td><td>A 等：过程规范，答案正确
B 等：过程不够规范、完整，答案正确
C 等：过程不规范或无过程，答案错误</td></tr>
<tr><td align="center">解法的创新性</td><td></td><td></td><td></td><td>A 等：解法有新意和独到之处，答案正确
B 等：解法思路有创新，答案不完整或错误
C 等：常规解法，思路不清楚，过程复杂或无过程</td></tr>
<tr><td align="center">综合评价等级</td><td></td><td></td><td></td><td>AAA、AAB 综合评价为 A 等；ABB、BBB、AAC 综合评价为 B 等；其余情况综合评价为 C 等</td></tr>
</table>

拓展性作业分析与设计意图

第 1~6 题继续强化销售的数量关系，提高解决综合实际问题的能力．

基础性作业参考答案

1. D   2. C   3. D   4. 300   5. 450   6. 110   7. 20 元/杯

拓展性作业参考答案

1. B   2. A   3. 45   4. 486

5.（1）购进矿泉水 300 箱，购进无糖茶 200 箱   （2）5 600 元

6.（1）370 元   （2）丙直播间购买更合算

第十课时 实际问题与一元一次方程（第3课时）
——球赛积分表问题

■ **课时目标**

学生通过作业练习理解建立方程模型解决球赛积分问题，提升模型观念，增强应用意识.

■ **课时重难点**

课时重点：建立方程模型解决球赛积分问题.

课时难点：建立方程模型解决球赛积分问题.

■ **作业时长**

基础性作业10分钟，拓展性作业14分钟，合计24分钟.

■ **作业类型**

☑个性化作业 ☑分层作业 □开放性作业 ☑探究性作业
□项目式作业 □跨学科作业 □综合与实践作业

■ **基础性作业**

1. 父亲与小强下棋（设没有平局），父亲胜一盘记2分，小强胜一盘记3分，下了10盘后，两人得分相等，则小强胜的盘数是（ ）

A. 2　　　　　B. 3　　　　　C. 4　　　　　D. 5

2. 一次足球比赛共15轮，胜一场计2分，平一场计1分，负一场计0分，某队所胜场数是所负场数的2倍，得了19分，则平的场数为（ ）

A. 3　　　　　B. 2　　　　　C. 1　　　　　D. 4

3. 12月4日为全国法制宣传日，当天某初中组织4名学生参加法制知识竞赛，共设20道选择题，各题分值相同，每题必答，下表记录了其中2名参赛学生的得分情况.

参赛学生	答对题数	答错题数	得分
A	20	0	100
B	17	3	79

参赛学生 C 得了 72 分，他答对了几道题？答错了几道题？

4. 有一块长方形的牧场如图 1，它的周长为 700 米．将它分隔为六块完全相同的小长方形牧场，如图 2，则每一块小长方形牧场的周长是（　　）

 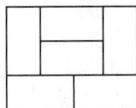
图1　　　　图2

A. 150 米　　　　　B. 200 米

C. 300 米　　　　　D. 400 米

5. 幻方是古老的数学问题，我国古代的《洛书》中记载了最早的幻方——九宫格，把 1~9 这 9 个数填入 3×3 方格中，使每一横行、每一竖列以及两条斜对角线上的数之和都相等．右图是一个未完成的"幻方"，则其中 x 的值是（　　）

x	1	
7	5	
		4

A. 3　　　　　B. 4　　　　　C. 5　　　　　D. 6

6. 如右图所示，点 A，B 分别位于原点 O 的  两侧，$AB = 12$，且 $OA = 2OB$，动点 P 从点 A 出发以每秒 3 个单位长度的速度向右运动，同时动点 Q 从点 B 出发以每秒 1 个单位长度的速度向左运动．

（1）求数轴上点 A，B 对应的数；

（2）当 $OP = OQ$ 时，求运动的时间．

基础性作业评价

基础性作业评价表				
评价指标	等级			备注
	A	B	C	
答题的准确性				A 等：答案正确，过程正确 B 等：答案正确，过程有问题 C 等：答案不正确，过程不完整；答案不正确，过程错误或无过程
答题的规范性				A 等：过程规范，答案正确 B 等：过程不够规范、完整，答案正确 C 等：过程不规范或无过程，答案错误
解法的创新性				A 等：解法有新意和独到之处，答案正确 B 等：解法思路有创新，答案不完整或错误 C 等：常规解法，思路不清楚，过程复杂或无过程
综合评价等级				AAA、AAB 综合评价为 A 等；ABB、BBB、AAC 综合评价为 B 等；其余情况综合评价为 C 等

▟ **基础性作业分析与设计意图**

第1~3题主要考查学生对球赛积分问题的掌握情况.

第4~6题主要考查学生对图表信息的综合理解情况，培养学生的综合应用能力.

▟ **拓展性作业**

1. 某次篮球积分赛，每队均比赛14场，胜一场记2分，平一场记1分，负一场记0分．某中学篮球队的胜场数是负场数的3倍，这支篮球队在这次积分赛中积分可能为（　　）

　　A. 12　　　　　　B. 17　　　　　　C. 20　　　　　　D. 22

2. 如右图，表中给出的是某月的月历，任意选取"H"框中的7个数（如阴影部分所示），发现这7个数的和可能是①50，②77，③91，④112，⑤154，请你运用所学的数学知识来研究，其中正确的可能是＿＿＿＿＿＿＿＿＿（填写序号）.

日	一	二	三	四	五	六
	1	2	3	4	5	6
7	8	9	10	11	12	13
14	15	16	17	18	19	20
21	22	23	24	25	26	27
28	29	30	31			

3. 盛盛到某高校游玩时，看到运动场的宣传栏中的部分信息（如右表所示）：他结合学过的知识设计了如下问题，请你帮忙完成：

（1）从表中可以看出，负一场积＿＿＿＿分，胜一场积＿＿＿＿分.

（2）某队在比完22场的前提下，胜场总积分能等于其负场总积分的2倍吗？请说明理由.

院系篮球赛成绩公告			
比赛场次	胜场	负场	积分
22	12	10	34
22	14	8	36
22	0	22	22

4. 【问题背景】

数轴是一个非常重要的数学工具，使数和数轴上的点建立起对应关系，这样能够用"数形结合"的方法解决一些实际问题．如下图所示，在纸面上有一数轴，按要求折叠纸面.

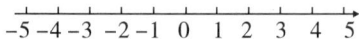

$$-5\ -4\ -3\ -2\ -1\ \ 0\ \ 1\ \ 2\ \ 3\ \ 4\ \ 5$$

【问题解决】

（1）若折叠后数 1 对应的点与数 – 1 对应的点重合，则此时数 – 3 对应的点与数_____对应的点重合．

【学以致用】

（2）若折叠后数 2 对应的点与数 – 4 对应的点重合，则此时数 0 对应的点与数_____对应的点重合．

【问题拓展】

（3）若如（2）这样折叠后，数轴上有 A，B 两点也重合，且 A，B 两点之间的距离为 11（点 B 在 A 点的右侧），则点 A 对应的数为_____，点 B 对应的数为_____．

（4）在（3）的条件下，数轴上有一动点 P，动点 P 从 B 点出发，以每秒 2 个单位长度的速度在数轴上匀速运动，设运动时间为 t 秒（$t > 0$）．

①动点 P 从 B 点向右出发，t 为何值时，P，A 两点之间的距离为 15 个单位长度；

②请直接写出动点 P 从 B 点向左出发时，P，A 两点之间的距离为 15 个单位长度的 t 的值．

拓展性作业评价

拓展性作业评价表				
评价指标	等级			备注
	A	B	C	
答题的准确性				A 等：答案正确，过程正确
				B 等：答案正确，过程有问题
				C 等：答案不正确，过程不完整；答案不正确，过程错误或无过程
答题的规范性				A 等：过程规范，答案正确
				B 等：过程不够规范、完整，答案正确
				C 等：过程不规范或无过程，答案错误
解法的创新性				A 等：解法有新意和独到之处，答案正确
				B 等：解法思路有创新，答案不完整或错误
				C 等：常规解法，思路不清楚，过程复杂或无过程
综合评价等级				AAA、AAB 综合评价为 A 等；ABB、BBB、AAC 综合评价为 B 等；其余情况综合评价为 C 等

▚ **拓展性作业分析与设计意图**

第 1~4 题继续强化球赛积分和图表信息的综合运用，培养学生的综合应用能力.

▚ **基础性作业参考答案**

1. C 　2. A 　3. 答对了 16 道题，答错了 4 道题 　4. C 　5. D

6. （1）A 对应的数是 -8，B 对应的数是 4 　（2）2 秒或 3 秒

▚ **拓展性作业参考答案**

1. C 　2. ②④⑤

3. （1）1 　2 　（2）能，当胜场为 11 场时，胜场总积分等于负场总积分的 2 倍

4. （1）3 　（2）-2 　（3）-6.5 　4.5 　（4）① $t=2$ 　② $t=13$.

第十一课时　实际问题与一元一次方程（第 4 课时）
——不同能效空调的综合费用比较

▚ **课时目标**

学生通过作业练习理解建立方程模型解决不同能效空调综合费用的比较问题，提升模型观念，增强应用意识.

▚ **课时重难点**

课时重点：建立方程模型解决不同能效空调综合费用的比较问题.

课时难点：建立方程模型解决不同能效空调综合费用的比较问题.

▚ **作业时长**

基础性作业 10 分钟，拓展性作业 15 分钟，合计 25 分钟.

▚ **作业类型**

☑个性化作业 　☑分层作业 　□开放性作业 　□探究性作业

□项目式作业 　□跨学科作业 　□综合与实践作业

基础性作业

1. 某校七年级三个班级联合开展户外研学活动，此次活动由一班班长负责购买车票，票价每张 20 元．有如下两种优惠方案：

①全体人员均打八折；

②若打九折，有 7 人可以免票．

班长思考一会儿说，无论选择哪种方案所要付的车费都是一样的，则七年级三个班级共有（　　　）

A. 60 人　　　　　B. 61 人　　　　　C. 62 人　　　　　D. 63 人

2. 若双休日，甲商场以"打九折"的措施优惠，乙商场以"满 100 送 10 元购物券（可以在本次抵用）"形式促销，妈妈打算花掉 500 元，她在_____商场购物合算一些（　　　）

A. 甲、乙都可以　　　　　　　　　B. 甲

C. 乙　　　　　　　　　　　　　　D. 无法确定

3. 甲、乙两家商城推出大型优惠活动．小明家准备在此期间购买一台笔记本电脑，据了解，同一款电脑在甲商城的优惠方案是：在原价基础上，先直降 500 元，再打九折；而乙商城的优惠方案是：在原价基础上先打八折，再降 150 元．

（1）如果小明家欲购进一台原价为 x 元的电脑，则在甲商城需付款_____元；在乙商城需付款_____元．（请用含 x 的代数式表示）

（2）若小明家最后选中的电脑原价为 5 000 元，通过计算说明小明家应选择在哪个商城购买更为省钱？

4. 小明所在城市的"阶梯水价"收费办法是：每户用水不超过 5 吨，每吨水费 x 元；超过 5 吨，超过部分每吨加收 2 元．小明家今年 5 月份用水 9 吨，共交水费 44 元，根据题意列出关于 x 的方程，正确的是（　　　）

A. $5x+4(x+2)=44$　　　　　　B. $5x+4(x-2)=44$

C. $9(x+2)=44$　　　　　　　　D. $9(x+2)-4×2=44$

5. 有一旅客带 35 kg 行李从郑州到广州，按民航规定，旅客最多可免费携带 20 kg 行李，超过部分每千克按飞机票价的 1.5% 购买行李票，已知该旅客购买的行李票为 198 元，则他的飞机票价为（　　　）

A. 800 元　　　　　B. 850 元　　　　　C. 880 元　　　　　D. 1 000 元

6. 某城市用电收费实行阶梯电价，收费标准如下表所示，用户 5 月份交电费 45 元，则所用电量为_____度．

月用电量	不超过 12 度的部分	超过 12 度不超过 18 度的部分	超过 18 度的部分
收费标准 （元/度）	2.00	2.50	3.00

7. 一地下停车场的收费标准：1 小时内收 3 元，超过 1 小时，每小时收 5 元．李叔叔在这个停车场停车花了 13 元，他停了_____小时．

◤ 基础性作业评价

基础性作业评价表				
评价指标	等级			备注
	A	B	C	
答题的准确性				A 等：答案正确，过程正确 B 等：答案正确，过程有问题 C 等：答案不正确，过程不完整；答案不正确，过程错误或无过程
答题的规范性				A 等：过程规范，答案正确 B 等：过程不够规范、完整，答案正确 C 等：过程不规范或无过程，答案错误
解法的创新性				A 等：解法有新意和独到之处，答案正确 B 等：解法思路有创新，答案不完整或错误 C 等：常规解法，思路不清楚，过程复杂或无过程
综合评价等级				AAA、AAB 综合评价为 A 等；ABB、BBB、AAC 综合评价为 B 等；其余情况综合评价为 C 等

◤ 基础性作业分析与设计意图

第 1~3 题主要复习方案决策类问题．

第 4~7 题主要复习分段收费类问题，培养学生的综合应用能力．

◤ 拓展性作业

1. 某书城开展学生优惠购书活动，凡一次性购书不超过 200 元的一律九折优惠，超过 200 元的，其中 200 元按九折算，超过 200 元的部分按八折算．某学生第一次去购书付款 72 元，第二次又去购书享受了八折优惠，他查看了

所买书的定价，发现两次共节省了 34 元，则该学生第二次购书实际付款为（　　）

  A. 204 元   B. 230 元   C. 256 元   D. 264 元

2. 下表是某市居民的出行方式以及收费标准（不足 1 千米按 1 千米算）：

打车	出租车	3 千米以内 8 元；超过 3 千米的部分 2.4 元/千米
方式	网约车	路程：1.4 元/千米；时间：0.6 元/分钟
说明		打车的平均车速为 40 千米/时

  假设乘坐 8 千米，耗时：$8 \div 40 \times 60 = 12$（分钟）；

  出租车收费：$8 + (8 - 3) \times 2.4 = 20$（元）；

  网约车收费：$8 \times 1.4 + 12 \times 0.6 = 18.4$（元）．

  为了提升市场竞争力，出租车公司推出行驶里程超过 10 千米立减 4.8 元活动．小聪乘坐出租车从甲地到达乙地支付车费 22.4 元，若改乘网约车从甲地到乙地，则需支付_____元．

  3. 为了美化环境，建设生态桂林，某社区需要进行绿化改造，现有甲、乙两个绿化工程队可供选择，已知甲队每天能完成的绿化改造面积比乙队多 200 平方米，甲队与乙队合作一天能完成 800 平方米的绿化改造面积．

  （1）甲、乙两个工程队每天各能完成多少平方米的绿化改造面积？

  （2）该社区需要进行绿化改造的区域共有 12 000 平方米，甲队每天的施工费用为 600 元，乙队每天的施工费用为 400 元，比较以下三种方案：①甲队单独完成；②乙队单独完成；③甲、乙两队全程合作完成．哪一种方案的施工费用最少？

  4. 列方程解应用题：近年来，我市全面实行新型农村合作医疗，得到了广大农民的积极响应，农民看病贵、看病难的问题在合作医疗中得到了缓解．参加医保的农民可在规定的医院就医并按规定标准报销部分医疗费用，表①是医疗费用分段报销的标准；表②是甲、乙、丙三位农民今年的实际医疗费及个人承担总费用．

表①

医疗费用	门诊费	住院费		
范围		0 ~ 5 000 元的部分	5 000 ~ 20 000 元的部分	20 000 元以上的部分
报销比例	$a\%$	40%	50%	$c\%$

表②

项目	门诊费	住院费	个人承担总费用
甲	260 元	0 元	182 元
乙	80 元	2 800 元	b 元
丙	400 元	25 000 元	11 780 元

注：①个人承担医疗费 = 实际医疗费 − 按标准报销的金额；

②个人承担总费用包括门诊费和住院费中个人承担的部分．

请根据上述信息，解答下列问题：

（1）填空：$a =$ _____，$b =$ _____，$c =$ _____；

（2）李大爷去年和今年的实际住院费共计 52 000 元，他本人共承担了 18 300 元，已知今年的住院费超过去年，则李大爷今年的实际住院费用是多少元？

拓展性作业评价

<table>
<tr><td colspan="5" align="center">拓展性作业评价表</td></tr>
<tr><td rowspan="2">评价指标</td><td colspan="3">等级</td><td rowspan="2">备注</td></tr>
<tr><td>A</td><td>B</td><td>C</td></tr>
<tr><td>答题的准确性</td><td></td><td></td><td></td><td>A 等：答案正确，过程正确
B 等：答案正确，过程有问题
C 等：答案不正确，过程不完整；答案不正确，过程错误或无过程</td></tr>
<tr><td>答题的规范性</td><td></td><td></td><td></td><td>A 等：过程规范，答案正确
B 等：过程不够规范、完整，答案正确
C 等：过程不规范或无过程，答案错误</td></tr>
<tr><td>解法的创新性</td><td></td><td></td><td></td><td>A 等：解法有新意和独到之处，答案正确
B 等：解法思路有创新，答案不完整或错误
C 等：常规解法，思路不清楚，过程复杂或无过程</td></tr>
<tr><td>综合评价等级</td><td></td><td></td><td></td><td>AAA、AAB 综合评价为 A 等；ABB、BBB、AAC 综合评价为 B 等；其余情况综合评价为 C 等</td></tr>
</table>

拓展性作业分析与设计意图

第 1~4 题继续强化方案决策问题，培养学生的综合应用能力．

基础性作业参考答案

1. D　2. B

3. （1）（$0.9x - 450$）　　（$0.8x - 150$）　　（2）当 $x = 5\,000$ 时，$0.9x - 450 = 4\,050$（元），$0.8x - 150 = 3\,850$（元），$4\,050 > 3\,850$. ∴ 小明家应选择在乙商城购买.

4. A　5. C　6. 20　7. 3

拓展性作业参考答案

1. A　2. 20.7 或 25.3

3. （1）甲工程队每天能完成 500 平方米的绿化改造面积，乙工程队每天能完成 300 平方米的绿化改造面积　　（2）方案①

4. （1）30　1 736　80　　（2）48 500 元

单元学业水平质量检测作业

（时间：45 分钟；满分：100 分）

一、单选题（共 6 题，每小题 6 分，共 36 分）

1. 若 $x = 1$ 是方程 $ax + 3x = 2$ 的解，则 a 的值是（　　）

　　A. -1　　　　B. 5　　　　C. 1　　　　D. -5

2. 下列四个方程中，属于一元一次方程的是（　　）

　　A. $2x^2 - 1 = 0$　　B. $x - y = 12$

　　C. $x + 4 = \dfrac{1}{x}$　　D. $6x = 0$

3. 小丽同学在做作业时，不小心将方程 $2(x - 3) - \blacksquare = x + 1$ 中的一个常数污染了，在询问老师后，老师告诉她方程的解是 $x = 9$，请问这个被污染的常数 $\blacksquare$ 是（　　）

　　A. 4　　　　B. 3　　　　C. 2　　　　D. 1

4. 为确保信息安全，信息需要加密传输，发送方由明文→密文（加密），接收方由密文→明文（解密）．已知加密规则为：明文 a，b，c 对应密文 $a + 1$，$2b + 4$，$3c + 9$. 例如明文 1，2，3 对应密文 2，8，18. 如果接收方收到密文 7，18，15，那么解密得到的明文为（　　）

　　A. 4，5，6　　　B. 6，7，2　　　C. 7，2，6　　　D. 2，6，7

5. 《九章算术》是我国古代数学名著，其中有一题："今有共买羊，人出五，不足四十五；人出七，不足三，问人数、羊价各几何？"意思是：今有人合伙买羊，每人出 5 钱，会差 45 钱；每人出 7 钱，会差 3 钱．问合伙人数、羊价各是多少？设合伙人数为 x，则所列方程正确的是（　　）

　　A. $5x - 45 = 7x - 3$　　　　　　B. $5x + 45 = 7x + 3$

　　C. $\dfrac{x + 45}{5} = \dfrac{x + 3}{7}$　　　　　　D. $\dfrac{x - 45}{5} = \dfrac{x - 3}{7}$

6. 某月的日历如右图所示，任意选取"H"形框中的 7 个数（如阴影部分所示），请你运用所学的数学知识来研究，发现这 7 个数的和不可能是（　　）

　　A. 163　　　　　　B. 154

　　C. 98　　　　　　D. 70

一	二	三	四	五	六	日
			1	2	3	4
5	6	7	8	9	10	11
12	13	14	15	16	17	18
19	20	21	22	23	24	25
26	27	28	29	30	31	

二、填空题（共 4 题，每小题 6 分，共 24 分）

7. 已知 $(k-1)x^{|k|} + 3 = 0$ 是关于 x 的一元一次方程，则 k 的值为_____.

8. 已知 $2(x-5)$ 与 $3(1-2x)$ 互为相反数，则 $x =$ _____.

9. 如右图，标有相同字母的物体的质量相同，若 A 的质量为 15 g，则当 B 的质量为 _____g 时，天平处于平衡状态.

10. 如右图，在九宫格中，把 $1\sim9$ 这 9 个整数填入 3×3 方格里，使其任意一行，任意一列及两条对角线上的三个数之和都相等，则 x 的值为_____.

三、解答题（共 5 题，每小题 8 分，共 40 分）

11. 解方程 $\dfrac{3-7x}{5} = \dfrac{1-4x}{3} - 1$.

12. 一辆客车每小时行驶 30 km，从甲地出发驶向乙地，经过 45 min，一辆货车以每小时比客车快 10 km 的速度从乙地出发驶向甲地. 若两车刚好在甲、乙两地的中点相遇，求甲、乙两地的距离.

13. 已知关于 x 的一元一次方程 $4(x+a) + 5 = -2x$ 的解与方程 $-3x = -4 - x$ 的解互为倒数，求 a 的值.

14. 春节前夕，某商场从厂家购进了甲、乙两种商品，乙种商品每件的进价比甲种商品每件的进价高 20 元. 若购进甲种商品 10 件、乙种商品 2 件，则需要 1 000 元.

（1）求甲、乙两种商品每件的进价分别是多少元？

（2）若甲种商品按标价出售，则每件可获利 40 元. 为了促销，现对甲种商品在标价基础上打折出售，若按此促销方案售出 6 件所能获得的利润与按标价每件降价 35 元出售 12 件所获得的利润一样，求甲种商品打了几折出售？

（3）该商场从厂家购进了甲、乙两种商品共 60 件，所用资金恰好为 5 600 元，在销售时，甲种商品每件的售价为 100 元，要使得这 60 件商品全部售出所获利润率为 25%，求乙种商品每件的售价为多少元？

15. 如右图，A，B 分别为数轴上的两点，点 A 表示的数为 -10，点 B 表示的数为 90.

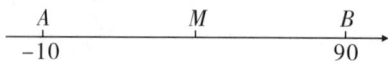

（1）若 A，B 两点与点 M 的距离相等，则点 M 表示的数是_____；

（2）现在有一只电子蚂蚁 P 从点 B 出发，以每秒 3 个单位长度的速度沿数轴向左运动，同时另一只电子蚂蚁 Q 恰好从点 A 出发，以每秒 2 个单位长度的速度沿数轴向右运动，设两只电子蚂蚁在数轴上的点 C 相遇，则点 C 表示的数是_____；

（3）若电子蚂蚁 P 从点 B 出发，同时另一只电子蚂蚁 Q 从点 A 出发，电子蚂蚁 P 以每秒 8 个单位长度的速度沿数轴向左运动，当到达点 A 时，立即返回向右运动，到达点 B 停止．电子蚂蚁 Q 以每秒 2 个单位长度的速度向右运动到达点 B 停止，经过多长的时间两只电子蚂蚁在数轴上相距 10 个单位长度？直接写出答案．

单元学业水平质量检测作业参考答案

一、单选题（共6题，每小题6分，共36分）

1. A　2. D　3. C　4. B　5. B　6. A

二、填空题（共4题，每小题6分，共24分）

7. -1　8. $-\dfrac{7}{4}$　9. 7.5　10. 1

三、解答题（共5题，每小题8分，共40分）

11. 解：$3(3-7x)=5(1-4x)-15$

$$9-21x=5-20x-15$$
$$-x=5-15-9$$
$$x=19.$$

12. 解：设货车 x 小时与客车相遇.

$$30\times\dfrac{45}{60}+30x=(30+10)x,\ 解得\ x=\dfrac{9}{4}.$$

$$\dfrac{9}{4}\times40\times2=180\ \text{km}.$$

答：甲、乙两地的距离为 180 km.

13. 解：解方程 $-3x=-4-x$，得 $x=2$.

2 的倒数是 $\dfrac{1}{2}$，把 $x=\dfrac{1}{2}$ 代入 $4(x+a)+5=-2x$.

$2+4a+5=-1$，解得 $a=-2$.

14.（1）解：设甲种商品每件的进价 x 元，则乙种商品每件的进价 $(x+20)$ 元.

由题意可得，$10x+2(x+20)=1\,000$，解得 $x=80$.

$x+20=80+20=100$（元）.

答：甲种商品每件的进价为 80 元，则乙种商品每件的进价为 100 元.

（2）设甲种商品打了 y 折.

由题意可得，$6\left(120\times\dfrac{y}{10}-80\right)=12(40-35)$，解得 $y=7.5$.

答：甲种商品打了七五折出售.

（3）设购进甲种商品 a 件，乙种商品的售价为 m 元.

由题意可得，$80a + 100（60 - a）= 5\ 600$，解得 $a = 20$.

$60 - 20 = 40$（件）.

$（100 - 80）\times 20 +（m - 100）\times 40 = 5\ 600 \times 25\%$，解得 $m = 125$.

答：乙种商品的售价为 125 元.

15. （1）40　　（2）30　　（3）经过 9 秒或 11 秒或 15 秒或 $18\dfrac{1}{3}$ 秒或 45 秒，两只电子蚂蚁在数轴上相距 10 个单位长度.

几何图形初步

一、单元教材分析

　　"几何图形初步"是初中阶段"图形与几何"领域的开篇，在知识建构和能力发展上发挥着承上启下的作用，本单元首先引导学生在小学直观认识图形的基础上，从实物和模型中抽象出几何图形的相关概念，从运动的角度认识"点→线→面→体"的转化过程，并梳理从不同方向看立体图形得到的平面图形，以及直棱柱、圆柱、圆锥的展开图，发展抽象能力和空间观念．接着侧重对线段、角的有关概念及其度量作进一步介绍，引导学生探索关于直线、线段的两个基本事实，研究线段、角的比较与运算；在研究过程中，突出对几何语言、尺规作图技能的培养，体现对类比、数形结合等研究方法的运用，发展学生的几何直观思维和推理能力．

二、单元学习与作业目标

（一）单元学习目标

　　（1）通过实物和模型，了解从物体中抽象出来的几何图形、立体图形、平面图形及点、线、面、体等概念，提升抽象能力，能辨认（或说出）从不同方向看立体图形以及它们的简单组合体得到的平面图形；了解直棱柱、圆柱、圆锥的展开图，能根据展开图想象相应的几何体，制作立体模型，发展几何直观思维、空间观念．

　　（2）进一步认识直线、射线、线段，会用符号表示它们．掌握基本事实"两点确定一条直线""两点之间，线段最短"，感悟它们在生活或者数学情境中的意义．理解两点间距离的意义，能度量和表达两点间的距离．能比较线段的长短，理解线段的和、差，以及线段中点的意义．能用尺规作图：作一条线段等于已知线段及线段的和、差，发展几何直观思维和推理能力．

　　（3）理解角、角的平分线、余角、补角的概念，能用符号表示角，认识度、分、秒等角的度量单位，能进行简单的单位换算和角度运算，能类比线段的比较、线段的和与差、线段中点的意义，学习角的比较、角的和与差、角的平分线，体会研究几何图形的方法，探索并掌握同角（或等角）的余角相等、同角（或等角）的补角相等的性质，发展几何直观思维和推理能力．

（二）单元作业目标

1. 第一课时"立体图形与平面图形"作业目标

学生通过作业练习掌握立体图形和平面图形的相关概念，直观感知常见的基本几何图形，观察不同方向立体图形得到的平面图形，掌握立体图形及其侧面展开图，发展抽象能力，准确识别出几何图形，发展几何直观思维．

2. 第二课时"点、线、面、体"作业目标

学生通过作业练习掌握初步建立点、线、面、体的空间概念，理解它们之间的基本关系．能够识别并描述简单的几何图形及其特征，培养几何直观能力，发展抽象思维能力．

3. 第三课时"直线、射线、线段"作业目标

学生通过作业练习掌握"两点确定一条直线"的基本事实，掌握直线、射线、线段的表示方法，初步体会几何语言描述基本图形．

4. 第四课时"线段的比较与运算"作业目标

学生通过作业练习掌握"两点之间线段最短"的性质，了解线段大小比较的方法，发展几何图形意识，激发解决问题的积极性和主动性．

5. 第五课时"角的概念"作业目标

学生通过作业练习掌握角的概念和度量方法，能够准确识别不同大小和类型的角，利用数学语言描述角的性质，增强空间感知能力，发展逻辑推理能力．

6. 第六课时"角的比较与运算"作业目标

学生通过作业练习掌握角的比较、角的和与差的概念，理解角的比较与运算，体会不同学习内容之间数学研究方法的一致性和可迁移性，感悟类比思想，体会数形结合的思想，发展几何直观思维、推理能力．

7. 第七课时"余角和补角"作业目标

学生通过作业练习掌握余角、补角的概念和性质，运用性质解决实际问题，增强空间感知能力，提升逻辑推理能力．

三、单元课时作业

第一课时　立体图形与平面图形

课时目标

学生通过作业练习掌握立体图形和平面图形的相关概念，直观感知常见的

基本几何图形，观察不同方向立体图形得到的平面图形，掌握立体图形及其侧面展开图，发展抽象能力，准确识别出几何图形，发展几何直观思维．

课时重难点

课时重点：理解立体图形与平面图形的定义及特征，能够准确区分并识别常见的立体图形和平面图形．

课时难点：建立空间观念，理解立体图形在三维空间中的形态与结构，抽象出立体图形与平面图形的本质区别，并进行准确的分类和描述．

作业时长

基础性作业 10 分钟，拓展性作业 8 分钟，合计 18 分钟．

作业类型

☑个性化作业　☑分层作业　□开放性作业　☑探究性作业
□项目式作业　□跨学科作业　□综合与实践作业

基础性作业

1. 下列几何体中，属于棱锥的是（　　　）

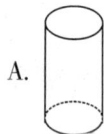

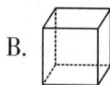

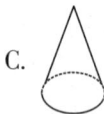

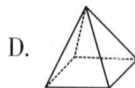

A.　　　　B.　　　　C.　　　　D.

2. 下列几何体中，从正面看得到的平面图形是圆的是（　　　）

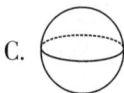

A.　　　　B.　　　　C.　　　　D.

3. 下列平面图形是正方体展开图的是（　　　）

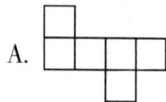

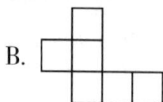

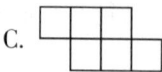

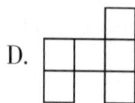

A.　　　　B.　　　　C.　　　　D.

4. 下图是某几何体的展开图，该几何体是_____．

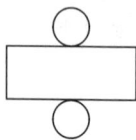

5. 已知正方体的一个平面展开图如下图所示，则在原正方体上"创"的对面是_____.

6. 下图是由 8 个相同的小立方块搭成的几何体，请在网格中画出从正面、左面、上面看这个几何体得到的形状图.

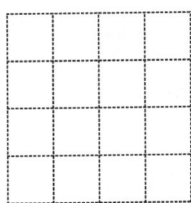

从正面看

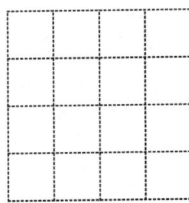

从左面看

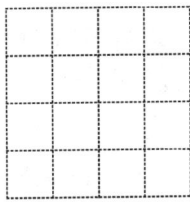

从上面看

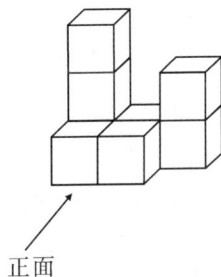

正面

基础性作业评价

基础性作业评价表			
评价指标	等级		备注
	A	B	C	

评价指标	A	B	C	备注
答题的准确性				A 等：答案正确，过程正确
				B 等：答案正确，过程有问题
				C 等：答案不正确，过程不完整；答案不正确，过程错误或无过程
答题的规范性				A 等：过程规范，答案正确
				B 等：过程不够规范、完整，答案正确
				C 等：过程不规范或无过程，答案错误
解法的创新性				A 等：解法有新意和独到之处，答案正确
				B 等：解法思路有创新，答案不完整或错误
				C 等：常规解法，思路不清楚，过程复杂或无过程

（续上表）

基础性作业评价表				
评价指标	等级			备注
	A	B	C	
综合评价等级				AAA、AAB综合评价为A等；ABB、BBB、AAC综合评价为B等；其余情况综合评价为C等

◤ 基础性作业分析与设计意图

第1题主要考查立体图形，判断几何体，加深学生对立体图形的理解和认识．

第2题主要考查从不同方向看立体图形，发展学生的几何直观思维．

第3~5题主要考查立体图形侧面展开图，引导学生初步建立空间观念，培养学生的空间想象力．

第6题主要考查从不同方向看立体图形，发展学生的几何直观思维，进一步培养学生的空间想象力．

◤ 拓展性作业

1. 下图是一个几何体的三视图，则这个几何体的名称是_____．

主视图　　左视图　　俯视图

2. 下图是某几何体的三视图，根据图形计算出该几何体的体积_____ cm³.

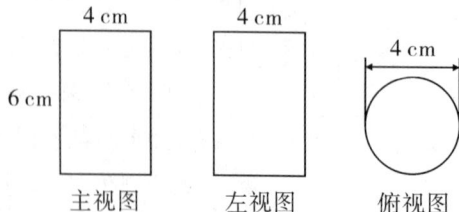

4 cm　　4 cm　　4 cm
6 cm
主视图　　左视图　　俯视图

3. 如右图所示的几何体是由 5 个大小相同的小立方块搭成的，每个小立方块的棱长都为 1，则该几何体从上面看的面积为_____．

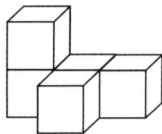

4. 图 1 是形状为长方体的某种包装盒，它的长：宽：高 = 3：2：1.5，其展开图如图 2 所示（不包含包装盒的黏合处）．

（1）设该包装盒的长为 $3x$ 分米，展开图中 MN 的长度为_____分米（用含 x 的式子表示）；

（2）若 MN 的长度为 18 分米，现对包装盒外表面涂色（含底面），且每平方分米涂料的价格是 0.15 元，求整个包装盒外表面涂色的费用是多少元？

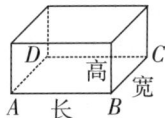 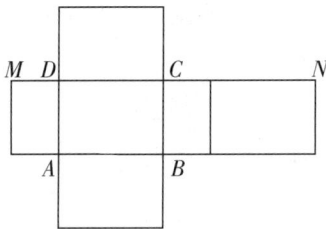

图1   图2

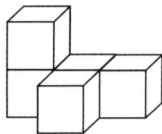 **拓展性作业评价**

拓展性作业评价表			
评价指标	等级		备注
	A	B	C	

评价指标	A	B	C	备注
答题的准确性				A 等：答案正确，过程正确 B 等：答案正确，过程有问题 C 等：答案不正确，过程不完整；答案不正确，过程错误或无过程
答题的规范性				A 等：过程规范，答案正确 B 等：过程不够规范、完整，答案正确 C 等：过程不规范或无过程，答案错误
解法的创新性				A 等：解法有新意和独到之处，答案正确 B 等：解法思路有创新，答案不完整或错误 C 等：常规解法，思路不清楚，过程复杂或无过程

（续上表）

拓展性作业评价表			
评价指标	等级		备注
	A	B	C	

评价指标	等级			备注
	A	B	C	
综合评价等级				AAA、AAB 综合评价为 A 等；ABB、BBB、AAC 综合评价为 B 等；其余情况综合评价为 C 等

拓展性作业分析与设计意图

第 1 题主要考查立体图形，加深学生对立体图形的理解．

第 2～3 题主要考查从不同方向看立体图形，引导学生初步建立空间观念，培养学生的空间想象力．

第 4 题主要考查立体图形的运用，发展学生的抽象能力和几何直观思维，提升学生的运算能力．

基础性作业参考答案

1. D　2. C　3. A　4. 圆柱　5. 市

6.

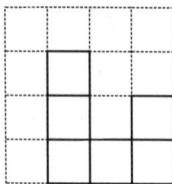 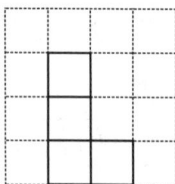 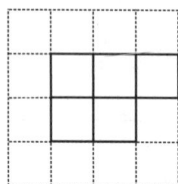

从正面看　　　　　从左面看　　　　　从上面看

拓展性作业参考答案

1. 棱锥　2. 24π　3. 4　4.（1）$9x$　（2）16.2 元

第二课时　点、线、面、体

课时目标

学生通过作业练习掌握初步建立点、线、面、体的空间概念，理解它们之间的基本关系．能够识别并描述简单的几何图形及其特征，培养几何直观能力，发展抽象思维能力．

课时重难点

课时重点：理解点、线、面、体的基本概念及其相互关系，能够识别常见的几何图形.

课时难点：建立空间观念，理解三维空间中的点、线、面、体，抽象出几何图形的本质特征，并进行准确的分类和描述.

作业时长

基础性作业 8 分钟，拓展性作业 10 分钟，合计 18 分钟.

作业类型

☑个性化作业　☑分层作业　□开放性作业　☑探究性作业
□项目式作业　□跨学科作业　□综合与实践作业

基础性作业

1. 把右图中的三角形绕虚线旋转一周，能围成的几何体是（　　）

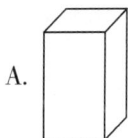

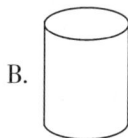

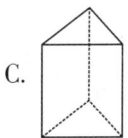

A.

B.

C.

D.

2. 中华武术是中国传统文化之一，是独具民族风貌的武术文化体系."枪挑一条线，棍扫一大片"，从数学的角度解释为（　　）

A. 点动成线，线动成面　　　　B. 线动成面，面动成体

C. 点动成线，面动成体　　　　D. 点动成面，面动成线

3. 下列图形中经过折叠不能围成一个直四棱柱的是（　　）

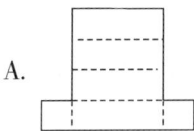

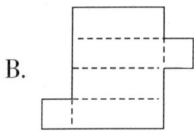

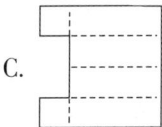

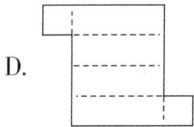

A.

B.

C.

D.

4. 酒泉卫星发射中心采用"一箭六星"的方式，成功将六颗卫星送入预定轨道，首次飞行任务取得圆满成功．把卫星看成点，则卫星在预定轨道飞行留下的痕迹体现了＿＿＿＿＿＿的数学事实．

5. 右图是一个正方体的平面展开图，标注了字母 A 的是正方体的前面，如果正方体的左面与右面标注的式子相等：

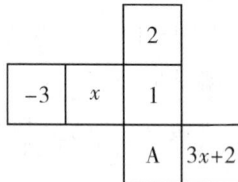

		2	
-3	x	1	
		A	$3x+2$

（1）求 x 的值；

（2）求正方体的上底面和下底面的数字和．

基础性作业评价

			基础性作业评价表	

评价指标	等级			备注
	A	B	C	
答题的准确性				A 等：答案正确，过程正确 B 等：答案正确，过程有问题 C 等：答案不正确，过程不完整；答案不正确，过程错误或无过程
答题的规范性				A 等：过程规范，答案正确 B 等：过程不够规范、完整，答案正确 C 等：过程不规范或无过程，答案错误
解法的创新性				A 等：解法有新意和独到之处，答案正确 B 等：解法思路有创新，答案不完整或错误 C 等：常规解法，思路不清楚，过程复杂或无过程
综合评价等级				AAA、AAB 综合评价为 A 等；ABB、BBB、AAC 综合评价为 B 等；其余情况综合评价为 C 等

基础性作业分析与设计意图

第 1 题主要考查学生对立体图形的空间想象能力，提高学生分析问题、解决问题的能力．

第 2 题主要考查学生对立体图形的空间想象能力，通过阅读型题目训练，培养学生的空间观念．

第 3 题主要考查展开图折叠成几何体的知识，增强学生的应用意识．

第 4 题主要考查点、线的概念，增强学生的应用意识，发展空间观念.

第 5 题主要考查正方体的展开图、一元一次方程、有理数的加法运算、空间观念、运算能力.

◤ 拓展性作业

1. "鸣语既过渐细微，映空摇飏如丝飞"是唐代诗人杜甫作品《雨不绝》中的诗句，意为喧哗的雨已经过去，逐渐变得细微，映着天空摇漾如丝的细雨飘飞. 诗中描写雨滴下来形成雨丝，用数学语言解释这一现象为_____.

2. 用一张长 90 厘米、宽 80 厘米的长方形铁皮，在它的四个角各剪去一个边长 10 厘米的小正方形（如下图所示），焊接成一个无盖的铁皮箱，这个铁皮箱的表面积是多少平方厘米？它的容积是多少升？如果每升装机油 0.8 千克，可以装机油多少千克？

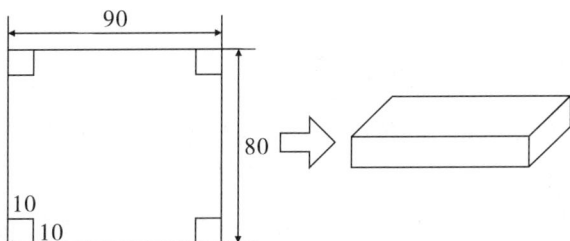

3. 右图是一个几何体的表面展开图.

（1）该几何体的名称是_____；

（2）将该展开图还原成几何体，若相对的两个面上的数互为相反数，求 $a - b - c$ 的值.

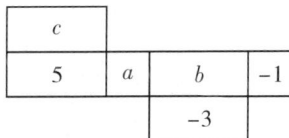

◤ 拓展性作业评价

拓展性作业评价表				
评价指标	等级			备注
	A	B	C	
答题的准确性				A 等：答案正确，过程正确 B 等：答案正确，过程有问题 C 等：答案不正确，过程不完整；答案不正确，过程错误或无过程

（续上表）

评价指标	等级			备注
	A	B	C	拓展性作业评价表

评价指标	等级			备注
	A	B	C	
答题的规范性				A 等：过程规范，答案正确
				B 等：过程不够规范、完整，答案正确
				C 等：过程不规范或无过程，答案错误
解法的创新性				A 等：解法有新意和独到之处，答案正确
				B 等：解法思路有创新，答案不完整或错误
				C 等：常规解法，思路不清楚，过程复杂或无过程
综合评价等级				AAA、AAB 综合评价为 A 等；ABB、BBB、AAC 综合评价为 B 等；其余情况综合评价为 C 等

◤ 拓展性作业分析与设计意图

第 1 题主要考查学生对立体图形的空间想象能力，通过阅读型题目训练，培养学生的空间观念．

第 2~3 题主要考查几何体的展开与折叠问题，培养学生的空间观念，发展学生的空间想象力，提升学生的运算能力．

◤ 基础性作业参考答案

1. D　2. A　3. C　4. 点动成线　5.（1）－1　（2）－2

◤ 拓展性作业参考答案

1. 点动成线

2. 铁皮箱的表面积是 6 800 平方厘米，它的容积是 42 升，可以装机油 33.6 千克

3.（1）长方体　（2）3

第三课时　直线、射线、线段

◤ 课时目标

学生通过作业练习掌握"两点确定一条直线"的基本事实，掌握直线、射线、线段的表示方法，初步体会几何语言描述基本图形．

课时重难点

课时重点：掌握直线、射线、线段的表示方法．

课时难点：正确计算同一直线中线段、射线的数量．

作业时长

基础性作业 8 分钟，拓展性作业 10 分钟，合计 18 分钟．

作业类型

☑个性化作业　☑分层作业　□开放性作业　☑探究性作业
□项目式作业　□跨学科作业　□综合与实践作业

基础性作业

1. 下列各图中直线的表示法正确的是（　　）

　　A. ● —— ● 直线 Ab　　　　　B. ● —— ● 直线 AB
　　　　A　　b　　　　　　　　　　　　A　　B

　　C. ● —— ● 直线 ab　　　　　D. ● —— ● 直线 bA
　　　　a　　b　　　　　　　　　　　　A　　b

2. 下列各图中，表示"射线 CD"的是（　　）

　　A. ● —— ● 　　　　　　　　B. ● —— ●
　　　　C　　D　　　　　　　　　　　C　　D

　　C. ● —— ● 　　　　　　　　D. ● —— ●
　　　　C　　D　　　　　　　　　　　C　　D

3. 下列图形中，可以表示为"线段 AB"的是（　　）

　　A. —— —— ——　　　　　　　B. ┌—— ——
　　　　A　　B　　　　　　　　　　　A　　　B

　　C. └—— ——　　　　　　　　D. —— —— ——
　　　　A　　B　　　　　　　　　　　A　　　　B

4. 右图中有_____条线段．

　　　　　　　　　　　　　　　　　├——————┬———┬—┤
　　　　　　　　　　　　　　　　　A　　　　C　D　B

5. 如右图，点 C 为直线 AB 外一点，作射线 AC，连接 BC，则图中共含有射线_____条．

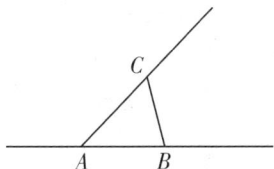

6. 如右图，在同一平面内有四个点 A，B，C，D，请按要求解答下列问题（注：此题作图，不要求写出画法和结论）．

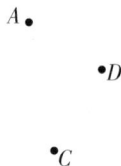

　（1）作射线 AC；

　（2）作直线 BD 与射线 AC 相交于点 O；

　（3）分别连接 AB，AD．

基础性作业评价

基础性作业评价表				
评价指标	等级			备注
	A	B	C	
答题的准确性				A 等：答案正确，过程正确 B 等：答案正确，过程有问题 C 等：答案不正确，过程不完整；答案不正确，过程错误或无过程
答题的规范性				A 等：过程规范，答案正确 B 等：过程不够规范、完整，答案正确 C 等：过程不规范或无过程，答案错误
解法的创新性				A 等：解法有新意和独到之处，答案正确 B 等：解法思路有创新，答案不完整或错误 C 等：常规解法，思路不清楚，过程复杂或无过程
综合评价等级				AAA、AAB 综合评价为 A 等；ABB、BBB、AAC 综合评价为 B 等；其余情况综合评价为 C 等

基础性作业分析与设计意图

第 1~5 题主要考查直线、射线、线段的概念，加深学生对概念的理解和运用，提高学生的推理能力和几何直观能力.

第 6 题主要考查直线、射线、线段的运用，要求学生动手作图，有利于增强学生的动手能力，激发学生学习几何的兴趣与热情.

拓展性作业

1. 往返甲乙两地的火车，中途还需停靠 4 个站，则铁路部门对此运行区间应准备不同的火车票共_____种（$A \rightarrow B$、$B \rightarrow A$ 是两种不同的车票）.

2. 通过画图尝试，我们发现了如下的规律：

图形	直线上点的个数	共有线段条数
•———————•	2	1
A *B* *C*	3	3
A *B* *C* *D*	4	6
A B C D E	5	10
…	…	…

若在直线上有 10 个不同的点，则此图中共有_____条线段．

3. 如右图，在平面内有 *A*，*B*，*C* 三点．

(1) 画直线 *AB*，射线 *AC*，线段 *BC*；

(2) 在线段 *BC* 上任取一点 *E*（不同于 *B*，*C*），数一数，此时图中共有多少条线段？

A •   • *B*

• *C*

▰ **拓展性作业评价**

拓展性作业评价表				
评价指标	等级			备注
	A	B	C	
答题的准确性				A 等：答案正确，过程正确 B 等：答案正确，过程有问题 C 等：答案不正确，过程不完整；答案不正确，过程错误或无过程
答题的规范性				A 等：过程规范，答案正确 B 等：过程不够规范、完整，答案正确 C 等：过程不规范或无过程，答案错误
解法的创新性				A 等：解法有新意和独到之处，答案正确 B 等：解法思路有创新，答案不完整或错误 C 等：常规解法，思路不清楚，过程复杂或无过程
综合评价等级				AAA、AAB 综合评价为 A 等；ABB、BBB、AAC 综合评价为 B 等；其余情况综合评价为 C 等

拓展性作业分析与设计意图

第1题主要考查了学生运用数学知识解决生活中的问题的能力，画出示意图，求出线段的条数，利用线段解决实际问题，可以提高学生的应用意识.

第2题主要考查直线、射线、线段的概念，是规律探究型题目，有利于增强学生的运算能力.

第3题主要考查了直线、射线、线段的定义，通过动手作图，提高学生的学习兴趣，发展学生的几何直观思维.

基础性作业参考答案

1. B 2. B 3. C 4. 6 5. 6 6.（1）（2）（3）题答案如下图所示：

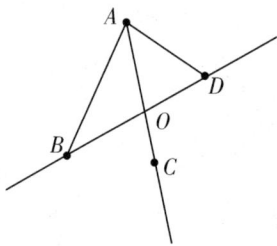

拓展性作业参考答案

1. 30 2. 45

3. 解：（1）如下图，直线 AB，线段 BC，射线 AC 即为所求：

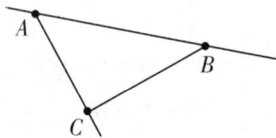

（2）下图中共有 5 条线段：

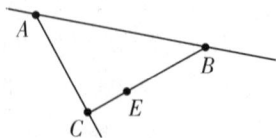

第四课时 线段的比较与运算

课时目标

学生通过作业练习掌握"两点之间线段最短"的性质，了解线段大小比较的方法，发展几何图形意识，激发解决问题的积极性和主动性．

课时重难点

课时重点："两点之间线段最短"及其如何比较线段的大小．

课时难点：理解"两点之间线段最短"及其运用．

作业时长

基础性作业 10 分钟，拓展性作业 10 分钟，合计 20 分钟．

作业类型

☑个性化作业　☑分层作业　□开放性作业　☑探究性作业

□项目式作业　□跨学科作业　□综合与实践作业

基础性作业

1. 点 O 为线段 AB 上一点，能说明点 O 是线段 AB 中点的是（　　　）

　A. $AO + OB = AB$　　　　　　B. $AB - BO = AO$

　C. $2AB = AO$　　　　　　　　D. $AB = 2AO$

2. 如图 1，A，B 两个村庄在一条河 l（不计河的宽度）的两侧，现要建一座码头，使它到 A，B 两个村庄的距离之和最小．如图 2，连接 AB，与 l 交于点 C，则 C 点为所求的码头的位置，这样做的理由是（　　　）

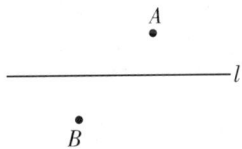
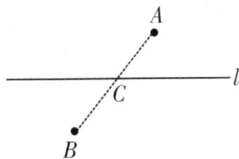

图 1　　　　　　　　　图 2

　A. 两点之间，线段最短　　　　B. 两点确定一条直线

　C. 两直线相交只有一个交点　　D. 经过一点有无数条直线

3. 如右图，下列关系式中与右图不符合的式子是（　　）

A. $AD - CD = AB + BC$　　　　　　B. $AC - BC = AD - BD$

C. $AC - BC = AC + BD$　　　　　　D. $AD - AC = BD - BC$

4. 如右图，$AB = 8$ cm，点 C 是线段 AB 的中点，点 D 是线段 BC 的中点，那么 $AD =$ _____ cm.

5. 如右图，点 B 是线段 AC 上一点，且 $AB = 21$，$3BC = AB$.

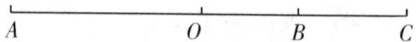

（1）求线段 AC 的长；

（2）若点 O 是线段 AC 的中点，求线段 OB 的长.

◢ 基础性作业评价

基础性作业评价表			
评价指标	等级		备注
	A	B	C	
答题的准确性				A 等：答案正确，过程正确
				B 等：答案正确，过程有问题
				C 等：答案不正确，过程不完整；答案不正确，过程错误或无过程
答题的规范性				A 等：过程规范，答案正确
				B 等：过程不够规范、完整，答案正确
				C 等：过程不规范或无过程，答案错误
解法的创新性				A 等：解法有新意和独到之处，答案正确
				B 等：解法思路有创新，答案不完整或错误
				C 等：常规解法，思路不清楚，过程复杂或无过程
综合评价等级				AAA、AAB 综合评价为 A 等；ABB、BBB、AAC 综合评价为 B 等；其余情况综合评价为 C 等

◢ 基础性作业分析与设计意图

第 1~5 题主要考查线段性质及其中点的概念，加深学生对中点的理解和运用，培养几何直观能力，提高运算能力.

拓展性作业

1. 如右图，$AB = 12$ cm，C 为 AB 的中点，点 D 在线段 AC 上，且 $AD : CB = 1 : 3$，则 DB 的长度是（　　）

  A. 4 cm   B. 6 cm   C. 8 cm   D. 10 cm

2. 数学课上，老师给出了如下问题：

如图1，一条直线上有 A，B，C，D 四点，线段 $AB = 8$ cm，点 $BD = 2.5$ cm，C 为线段 AB 的中点，以下是小华的解答过程：

解：如图2，

因为线段 $AB = 8$ cm，点 C 为线段 AB 的中点，

所以 $BC = $ _____ $AB = $ _____ cm，

因为 $BD = 2.5$ cm，

所以 $CD = BC - BD = $ _____ cm.

小斌说：我觉得这个题应该有两种情况，小华只考虑了点 D 在线段 AB 上，事实上，点 D 还可以在线段 AB 的延长线上．

图1   图2   备用图

完成以下问题：

（1）请将小华的解答过程补充完整．

（2）根据小斌的想法，请你在备用图中画出另一种情况对应的示意图，并求出此时 CD 的长度．

（3）拓展运用：有两根木条，一根长 40 cm，一根长 80 cm. 如果将它们放在同一条直线上，并且使一个端点重合，这两根木条的中点间的距离是_____．

3. 如右图，线段 $AB = 20$ cm，C 为 AB 的中点，点 P 从点 A 出发，以 2 cm/s 的速度沿线段 AB 向右运动，到点 B 停止；点 Q 从点 B 出发，以 1 cm/s 的速度沿线段 AB 向左运动，到点 A 停止．若 P，Q 两点同时出发，当其中一点停止运动时，另一点也随之停止．设点 P 的运动时间为 x（$x > 0$）s.

（1）$AC = $ _____ cm.

（2）是否存在某一时刻，使得 C，P，Q 这三点中，有一点恰为另外两点所连线段的中点？若存在，求出所有满足条件的 x 的值；若不存在，请说明理由．

拓展性作业评价

<table>
<tr><td colspan="5" align="center">拓展性作业评价表</td></tr>
<tr><td rowspan="2" align="center">评价指标</td><td colspan="3" align="center">等级</td><td rowspan="2" align="center">备注</td></tr>
<tr><td align="center">A</td><td align="center">B</td><td align="center">C</td></tr>
<tr><td>答题的准确性</td><td></td><td></td><td></td><td>A 等：答案正确，过程正确
B 等：答案正确，过程有问题
C 等：答案不正确，过程不完整；答案不正确，过程错误或无过程</td></tr>
<tr><td>答题的规范性</td><td></td><td></td><td></td><td>A 等：过程规范，答案正确
B 等：过程不够规范、完整，答案正确
C 等：过程不规范或无过程，答案错误</td></tr>
<tr><td>解法的创新性</td><td></td><td></td><td></td><td>A 等：解法有新意和独到之处，答案正确
B 等：解法思路有创新，答案不完整或错误
C 等：常规解法，思路不清楚，过程复杂或无过程</td></tr>
<tr><td>综合评价等级</td><td></td><td></td><td></td><td>AAA、AAB 综合评价为 A 等；ABB、BBB、AAC 综合评价为 B 等；其余情况综合评价为 C 等</td></tr>
</table>

拓展性作业分析与设计意图

第 1 题主要考查线段中点的概念，加深学生对概念的理解，培养学生的几何直观能力.

第 2 题主要考查线段之间的和差关系及中点的概念，提高学生的几何直观能力和运算能力.

第 3 题主要考查两点间的距离、线段中点等概念，利用分类讨论的数学思想解决线段长度问题，提高学生的应用意识和几何直观能力.

基础性作业参考答案

1. D　2. A　3. C　4. 6　5.（1）28　　（2）7

拓展性作业参考答案

1. D

2.（1）0.5　4　1.5　　（2）（图略）　　6.5 cm　　（3）20 cm 或 60 cm

3. （1） 10　　（2） $x = 6$ 或 $x = 7.5$

第五课时　角的概念

▰ **课时目标**

学生通过作业练习掌握角的概念和度量方法，能够准确识别不同大小和类型的角，利用数学语言描述角的性质，增强空间感知能力，发展逻辑推理能力．

▰ **课时重难点**

课时重点：理解角的概念，掌握角的表示方法．

课时难点：理解和掌握角的度、分、秒及其换算．

▰ **作业时长**

基础性作业 10 分钟，拓展性作业 10 分钟，合计 20 分钟．

▰ **作业类型**

☑个性化作业　☑分层作业　□开放性作业　☑探究性作业
□项目式作业　□跨学科作业　□综合与实践作业

▰ **基础性作业**

1. 下列图形中能用∠1，∠AOB，∠O 三种方法表示同一个角的图形是（　　　）

A.　　　　　　　　　　　　B.

C.　　　　　　　　　　　　D.

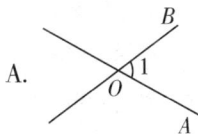

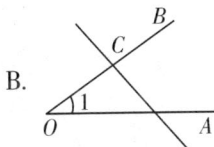

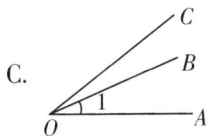

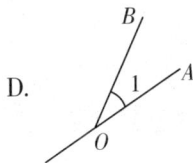

2. 钟表在 8：25 时，时针与分针的夹角是（　　　）

　　A. 101.5°　　　　B. 102.5°　　　　C. 120°　　　　D. 125°

3. 如右图，射线 OA 表示的方向是（　　　）

　　A. 北偏东 65°　　B. 北偏西 35°

　　C. 南偏东 65°　　D. 南偏西 35°

4. 把 7.26°用度、分、秒表示为_____．

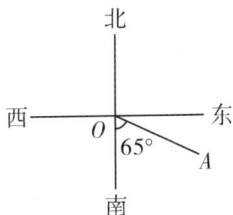

5. 角度换算：$15°30' =$ _____$°$.

6. 如右图，射线 OA 表示的方向是北偏东 $44°$，射线 OB 表示的方向是北偏东 $76°$，已知图中 $\angle BOC = 122°$.

（1）求 $\angle AOB$ 的度数；

（2）写出射线 OC 的方向.

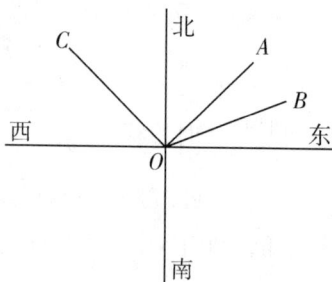

基础性作业评价

基础性作业评价表			
评价指标	等级		备注
	A	B	C
答题的准确性				A 等：答案正确，过程正确 B 等：答案正确，过程有问题 C 等：答案不正确，过程不完整；答案不正确，过程错误或无过程
答题的规范性				A 等：过程规范，答案正确 B 等：过程不够规范、完整，答案正确 C 等：过程不规范或无过程，答案错误
解法的创新性				A 等：解法有新意和独到之处，答案正确 B 等：解法思路有创新，答案不完整或错误 C 等：常规解法，思路不清楚，过程复杂或无过程
综合评价等级				AAA、AAB 综合评价为 A 等；ABB、BBB、AAC 综合评价为 B 等；其余情况综合评价为 C 等

基础性作业分析与设计意图

第 1 题主要考查角的表示方法的应用，增强学生的理解能力和判断能力.

第 2 题主要考查钟面角，增强学生对钟面角概念的理解.

第 3 题主要考查方向角，增强学生对方向角概念的理解和运用.

第 4~5 题主要考查度、分、秒的换算，通过训练，加强学生角度的运算能力.

第 6 题主要考查方向角，要求学生理解方向角的定义以及角的和差关系，增强学生的几何直观能力.

拓展性作业

1. 如右图，一艘渔船从 A 地出发，沿着北偏东 $60°$ 的方向行驶，到达 B 地后再沿着南偏东 $50°$ 的方向行驶到 C 地，此时 C 地恰好位于 A 地正东方向上，则 B 地在 C 地的方位是（　　）

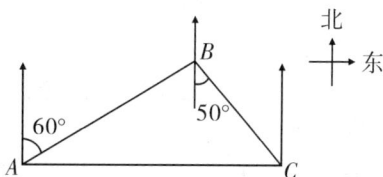

A. 南偏东 $50°$　　B. 南偏东 $60°$

C. 北偏西 $50°$　　D. 北偏西 $60°$

2. 如右图，把一块直角三角板的直角顶点放在一条直线上，如果 $\angle 1 = 27°$，那么 $\angle 2 =$ _____.

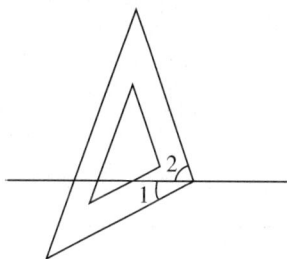

3. 请观察常用时钟，回答下列问题：

（1）早晨 8 时整，时针和分针构成多少度的角？

（2）时针多长时间转一圈？它转动的速度是每小时多少度？

（3）从 $7:00$ 到 $7:45$，分针转动了多少度？

拓展性作业评价

拓展性作业评价表				
评价指标	等级			备注
	A	B	C	
答题的准确性				A 等：答案正确，过程正确 B 等：答案正确，过程有问题 C 等：答案不正确，过程不完整；答案不正确，过程错误或无过程

（续上表）

拓展性作业评价表			
评价指标	等级		备注
	A	B	C	

评价指标	A	B	C	备注
答题的规范性				A 等：过程规范，答案正确 B 等：过程不够规范、完整，答案正确 C 等：过程不规范或无过程，答案错误
解法的创新性				A 等：解法有新意和独到之处，答案正确 B 等：解法思路有创新，答案不完整或错误 C 等：常规解法，思路不清楚，过程复杂或无过程
综合评价等级				AAA、AAB 综合评价为 A 等；ABB、BBB、AAC 综合评价为 B 等；其余情况综合评价为 C 等

▰ 拓展性作业分析与设计意图

第 1 题主要考查方向角，通过训练，增强学生的几何直观能力.

第 2 题主要考查直角三角形的性质，角的计算，度、分、秒之间的换算等知识，提高学生的运算能力.

第 3 题主要考查钟面角，通过钟面角实际问题，提高学生的运算能力和应用意识.

▰ 基础性作业参考答案

1. B　2. B　3. C　4. $7°15'36''$　5. 15.5　6.（1）32°　（2）北偏西 46°

▰ 拓展性作业参考答案

1. C　2. 63°　3.（1）120 度　（2）12 小时，30 度　（3）270 度

第六课时　角的比较与运算

▰ 课时目标

学生通过作业练习掌握角的比较、角的和与差的概念，理解角的比较与运算，体会不同学习内容之间数学研究方法的一致性和可迁移性，感悟类比思想，体会数形结合的思想，发展几何直观思维、推理能力.

◤ 课时重难点

课时重点：理解角的概念，掌握角的表示方法．

课时难点：理解和掌握角的度、分、秒及其换算．

◤ 作业时长

基础性作业 10 分钟，拓展性作业 10 分钟，合计 20 分钟．

◤ 作业类型

☑个性化作业　☑分层作业　□开放性作业　☑探究性作业

□项目式作业　□跨学科作业　□综合与实践作业

◤ 基础性作业

1. 如右图，点 O 在直线 AB 上，射线 OC 平分
$\angle DOB$. 若 $\angle BOD = 70°$，则 $\angle AOC$ 等于（　　）

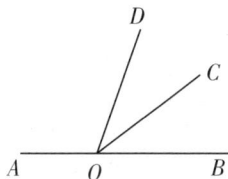

　　A. 145°　　　　　B. 110°

　　C. 70°　　　　　D. 135°

2. 如右图，把一副三角板叠合在一起，则 $\angle AOB$ 的度数
是（　　）

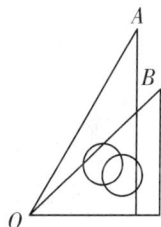

　　A. 15°　　　　　B. 20°

　　C. 30°　　　　　D. 70°

3. 计算：$123°26' - 60°43'$ 的结果为 _____．

4. 计算：

（1）$24°18' \times 2 + 60°24'$；（2）$23°41' \times 3 - 32°30'$．

5. 已知 $\angle AOB + \angle BOC = 180°$，$OD$ 平分 $\angle BOC$.

（1）如图 1，若 $\angle AOB = 70°$，则 $\angle BOC =$ _____，$\angle AOD =$ _____；

（2）如图 2，若 $\angle AOB = 150°$，求 $\angle AOD$ 的度数．

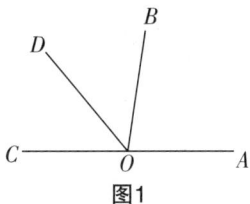

图1

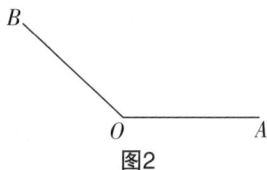

图2

◢ **基础性作业评价**

<table>
<tr><td colspan="5" align="center">基础性作业评价表</td></tr>
<tr><td rowspan="2" align="center">评价指标</td><td colspan="3" align="center">等级</td><td rowspan="2" align="center">备注</td></tr>
<tr><td align="center">A</td><td align="center">B</td><td align="center">C</td></tr>
<tr><td>答题的准确性</td><td></td><td></td><td></td><td>A 等：答案正确，过程正确
B 等：答案正确，过程有问题
C 等：答案不正确，过程不完整；答案不正确，过程错误或无过程</td></tr>
<tr><td>答题的规范性</td><td></td><td></td><td></td><td>A 等：过程规范，答案正确
B 等：过程不够规范、完整，答案正确
C 等：过程不规范或无过程，答案错误</td></tr>
<tr><td>解法的创新性</td><td></td><td></td><td></td><td>A 等：解法有新意和独到之处，答案正确
B 等：解法思路有创新，答案不完整或错误
C 等：常规解法，思路不清楚，过程复杂或无过程</td></tr>
<tr><td>综合评价等级</td><td></td><td></td><td></td><td>AAA、AAB 综合评价为 A 等；ABB、BBB、AAC 综合评价为 B 等；其余情况综合评价为 C 等</td></tr>
</table>

◢ **基础性作业分析与设计意图**

第 1 题主要考查角平分线的概念，增强学生对角平分线概念的理解．

第 2~4 题主要考查角的计算，增强学生的运算能力和推理能力．

第 5 题主要考查角平分线的定义和角的计算，引导学生充分理解角平分线的定义，培养学生的几何直观思维和运算能力．

◢ **拓展性作业**

1. 如右图，O 是直线 AB 上一点，过 O 作任意射线 OM，OC 平分 $\angle AOM$，OD 平分 $\angle BOM$，则 $\angle COD$ 的度数是（　　）

A. $80°$　　　　　　B. $90°$

C. $100°$　　　　　D. 不能确定

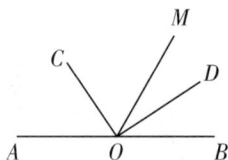

2. 如下图，一副三角尺按如下四种不同的方式摆放，其中，$\angle \alpha \neq \angle \beta$ 的图形的选项是（　　）

A. 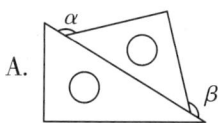　　　　B.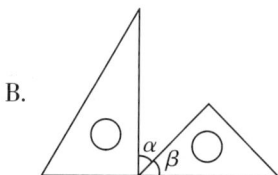

C. 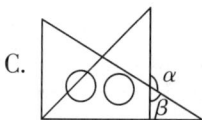　　　　D.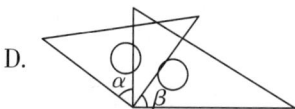

3. 定义：如图 1，射线 OC 在 $\angle AOB$ 的内部，图中共有 3 个角：$\angle AOB$，$\angle AOC$，$\angle BOC$. 若其中有一个角是另一个角的 3 倍，则称射线 OC 是 $\angle AOB$ 的"巧分线"．

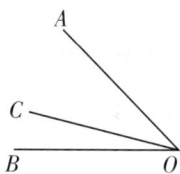　　　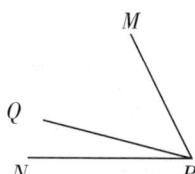

图1　　　　　图2

（1）如图 1，若 $\angle AOB = 60°$，且射线 OC 是 $\angle AOB$ 的"巧分线"，则 $\angle AOC$ 的度数 = _____；

（2）如图 2，若 $\angle MPN = 60°$，射线 PQ 绕点 P 从 PN 位置开始，以每秒 4° 的速度顺时针旋转，同时射线 PM 绕点 P 以每秒 3° 的速度顺时针旋转，当 PQ 与 PN 第一次成 100° 角时，射线 PQ 和射线 PM 同时停止旋转．设旋转的时间为 t 秒，求 t 为何值时，射线 PQ 是 $\angle MPN$ 的"巧分线"．

拓展性作业评价

拓展性作业评价表			
评价指标	等级		备注
	A	B	C	

评价指标	A	B	C	备注
答题的准确性				A 等：答案正确，过程正确 B 等：答案正确，过程有问题 C 等：答案不正确，过程不完整；答案不正确，过程错误或无过程
答题的规范性				A 等：过程规范，答案正确 B 等：过程不够规范、完整，答案正确 C 等：过程不规范或无过程，答案错误
解法的创新性				A 等：解法有新意和独到之处，答案正确 B 等：解法思路有创新，答案不完整或错误 C 等：常规解法，思路不清楚，过程复杂或无过程

（续上表）

拓展性作业评价表			
评价指标	等级		备注
	A	B	C	
综合评价等级				AAA、AAB 综合评价为 A 等；ABB、BBB、AAC 综合评价为 B 等；其余情况综合评价为 C 等

拓展性作业分析与设计意图

第 1 题主要考查角平分线的定义和角的和差关系，加强学生对角平分线概念的理解和运用.

第 2~3 题主要考查角的大小比较和角的计算，通过作业练习，增强学生的几何直观能力和运算能力.

基础性作业参考答案

1. A　2. A　3. $62°43'$　4. （1）$109°$　（2）$38°33'$

5. （1）$110°$　$125°$　（2）$165°$或$135°$

拓展性作业参考答案

1. B　2. C　3. （1）$15°$或$20°$或$40°$或$45°$　（2）$\dfrac{60}{13}$或$\dfrac{20}{3}$或20

第七课时　余角和补角

课时目标

学生通过作业练习掌握余角、补角的概念和性质，运用性质解决实际问题，增强空间感知能力，提升逻辑推理能力.

课时重难点

课时重点：余角和补角的定义及性质.

课时难点：利用余角和补角性质进行角的推理和计算.

作业时长

基础性作业 10 分钟，拓展性作业 8 分钟，合计 18 分钟.

作业类型

☑个性化作业　☑分层作业　□开放性作业　☑探究性作业
□项目式作业　□跨学科作业　☑综合与实践作业

基础性作业

1. 如果一个角的余角是 30°，那么这个角的度数是（　　）

A. 30°　　　　B. 60°　　　　C. 90°　　　　D. 120°

2. 如右图，已知 $\angle AOC = \angle BOD = 90°$，且 $\angle AOD = 128°$，则 $\angle BOC$ 的度数为（　　）

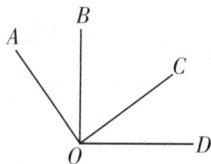

A. 38°　　　　B. 48°

C. 52°　　　　D. 60°

3. $\angle 1$ 与 $\angle 2$ 互余，$\angle 1$ 与 $\angle 3$ 互补，若 $\angle 3 = 125°$，$\angle 1 =$ _____，$\angle 2 =$ _____．

4. 一个角的补角与它余角的和是 220°，求这个角的度数．

5. 如右图，已知 O 为直线 AB 上一点，$\angle COE = 90°$，OF 平分 $\angle AOE$．若 $\angle COF = 35°$，求 $\angle AOC$，$\angle BOE$ 的度数．

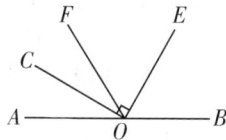

基础性作业评价

基础性作业评价表			
评价指标	等级		备注
	A	B	C	

评价指标	A	B	C	备注
答题的准确性				A 等：答案正确，过程正确 B 等：答案正确，过程有问题 C 等：答案不正确，过程不完整；答案不正确，过程错误或无过程
答题的规范性				A 等：过程规范，答案正确 B 等：过程不够规范、完整，答案正确 C 等：过程不规范或无过程，答案错误
解法的创新性				A 等：解法有新意和独到之处，答案正确 B 等：解法思路有创新，答案不完整或错误 C 等：常规解法，思路不清楚，过程复杂或无过程

（续上表）

基础性作业评价表			
评价指标	等级		备注
	A	B	C	
综合评价等级				AAA、AAB 综合评价为 A 等；ABB、BBB、AAC 综合评价为 B 等；其余情况综合评价为 C 等

▰ **基础性作业分析与设计意图**

第 1～3 题主要考查余角和补角的定义和运算，提高学生的运算能力和几何直观能力.

第 4 题主要考查一元一次方程的应用和补角与余角的运用，通过作业练习，提高学生的运算能力.

第 5 题主要考查余角和补角、角的和差计算、角平分线的定义，提高学生的运算能力、推理能力.

▰ **拓展性作业**

1. 已知 $\angle A$ 与 $\angle B$ 互为余角，$\angle C$ 与 $\angle B$ 互为补角，则 $\angle C$ 比 $\angle A$ 大（   ）

A. 30°   B. 60°   C. 90°   D. 120°

2. 如右图，将两块直角三角板 AOB 与 COD 的直角顶点 O 重合在一起，若 $\angle AOD = 4\angle BOC$，OE 为 $\angle BOC$ 的平分线，则 $\angle DOE$ 的度数为_____.

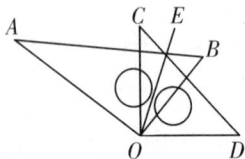

3. 【实践操作】

数学实践活动课上，"奋进"小组将一副直角三角尺的直角顶点叠放在一起，如图 1，使直角顶点重合于点 C.

【问题发现】

(1) ①填空：如图 1，若 $\angle ACB = 145°$，则 $\angle ACE$ 的度数是_____，$\angle DCB$ 的度数是_____，$\angle ECD$ 的度数是_____.

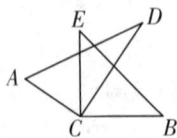

图1

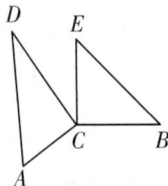

图2

②如图1，你发现∠ACE与∠DCB的大小有何关系？∠ACB与∠ECD的大小又有何关系？请直接写出你发现的结论.

【类比探究】

（2）如图2，当△ACD与△BCE没有重合部分时，上述②中你发现的结论是否还依然成立？请说明理由.

拓展性作业评价

拓展性作业评价表			
评价指标	等级		备注
	A	B	C
答题的准确性				A等：答案正确，过程正确 B等：答案正确，过程有问题 C等：答案不正确，过程不完整；答案不正确，过程错误或无过程
答题的规范性				A等：过程规范，答案正确 B等：过程不够规范、完整，答案正确 C等：过程不规范或无过程，答案错误
解法的创新性				A等：解法有新意和独到之处，答案正确 B等：解法思路有创新，答案不完整或错误 C等：常规解法，思路不清楚，过程复杂或无过程
综合评价等级				AAA、AAB综合评价为A等；ABB、BBB、AAC综合评价为B等；其余情况综合评价为C等

拓展性作业分析与设计意图

第1～3题主要考查余角和补角及其计算，利用几何图形计算角的和与差，通过作业练习，提高学生对角度的计算能力，积极发展学生的几何直观思维.

基础性作业参考答案

1. B　2. C　3. 55°　35°　4. 25°

5. ∠AOC的度数为20°，∠BOE的度数为70°

拓展性作业参考答案

1. C　2. 72°　3. （1）①55°　55°　35°　②$\angle ACE = \angle DCB$，$\angle ACB + \angle ECD = 180°$

（2）发现的结论依然成立.

理由：$\because \angle ACD = \angle ECB = 90°$，

$\therefore \angle ACD + \angle DCE = \angle ECB + \angle DCE.$

$\therefore \angle ACE = \angle DCB.$

$\because \angle ACB + \angle BCE + \angle DCE + \angle ACD = 360°,$

$\therefore \angle ACB + 90° + \angle DCE + 90° = 360°.$

$\therefore \angle ACB + \angle DCE = 180°.$

$\therefore$ 结论成立.

单元学业水平质量检测作业

（时间：45 分钟；满分：100 分）

一、选择题（共 6 题，每小题 6 分，共 36 分）

1. 如右图所示，以 A 为一个端点的射线共有（ ）

A. 1 条　　　　　B. 2 条　　　　　C. 3 条　　　　　D. 4 条

2. 如右图所示的几何体是由 6 个大小相同的小立方体搭成的，你认为从左面看到的几何体的形状应该为（ ）

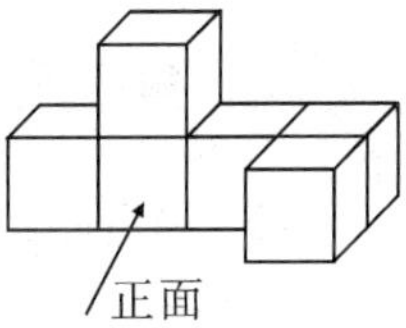

A.

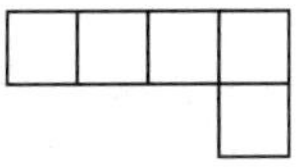

B.

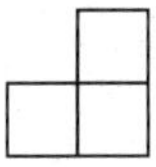

C.

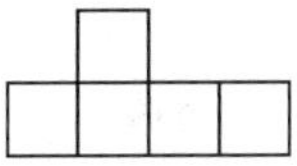

D.

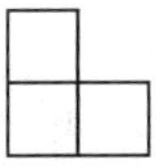

3. 右图是一个正方体的展开图，与"学"字相对的是（ ）

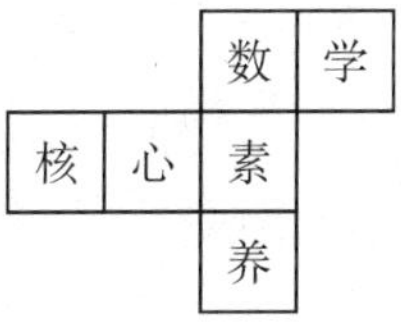

A. 核　　　　　　　　B. 心

C. 数　　　　　　　　D. 养

4. 已知线段 $AB = 10$ cm，点 C 是直线 AB 上一点，$BC = 3$ cm，则线段 AC 的长为（ ）

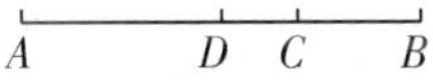

A. 7 cm　　　　B. 13 cm　　　　C. 5 cm　　　　D. 7 cm 或 13 cm

5. 如右图，$\angle AOC = 90°$，OC 平分 $\angle DOB$，且 $\angle DOC = 22°36'$，$\angle BOA$ 度数是（ ）

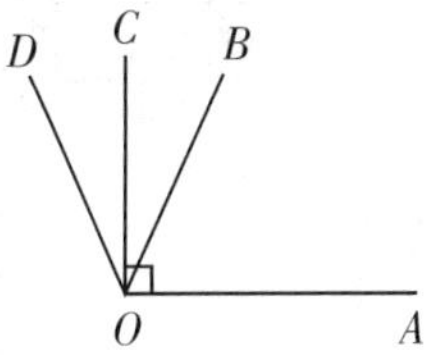

A. 67°64′　　　　　　　　B. 57°64′

C. 67°24′　　　　　　　　D. 68°24′

6. 如右图，在灯塔 O 处观测到轮船 A 位于北偏西 54° 的方向，同时轮船 B 在南偏东 14° 的方向，那么 $\angle AOB$ 的大小为（ ）

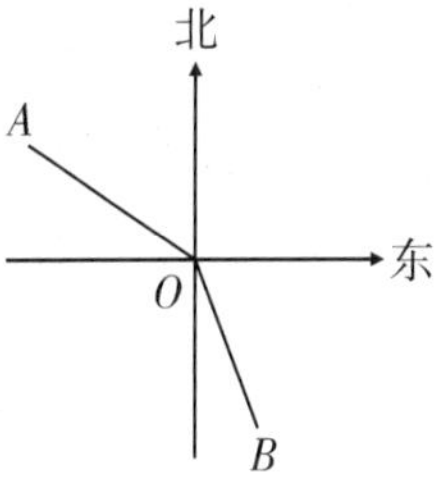

A. 70°　　　　　　　　　B. 158°

C. 130°　　　　　　　　　D. 140°

二、填空题（共 4 题，每小题 6 分，共 24 分）

7. $6.26° =$ _____ ° _____ ′ _____ ″.

8. $\angle A = 45$ 度，则它的余角的补角为 _____ 度.

9. 如右图，点 C 在线段 AB 上，已知 $AB = 8$，$CB = 3$，D 是线段 AB 的中点，则线段 CD 的长是 _____ .

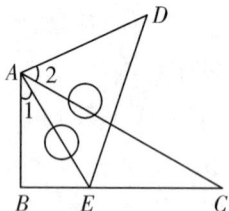

10. 如右图，将一个三角板 $60°$ 角的顶点与另一个三角板的直角顶点重合，若 $\angle 1 = 26°18'$，则 $\angle 2$ 的度数是 _____ .

三、解答题（共 5 题，每小题 8 分，共 40 分）

11. 如右图，平面上有四个点 A，B，C，D.

（1）根据下列要求画图：

①画射线 DC；

②画直线 AC 与线段 BD 相交于点 F.

（2）图中以 F 为顶点的角中，请写出 $\angle AFB$ 的补角.

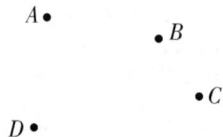

12. 如下图，请分别画出从正面、左面和上面观察该几何体看到的形状图.

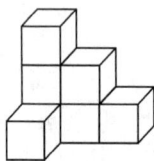   

从正面看　　　　从左面看　　　　从上面看

13. 如下图，点 B 是线段 AC 上的一点，且 $AB = 16$ cm，$4BC = AB$.

（1）求线段 AC 的长；

（2）如果点 O 是线段 AC 的中点，求线段 OB 的长.

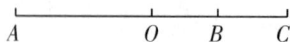

14. 如右图，$\angle AOC$ 与 $\angle BOC$ 互为补角，$\angle BOC$ 与 $\angle BOD$ 互为余角，且 $\angle BOC = 4\angle BOD$.

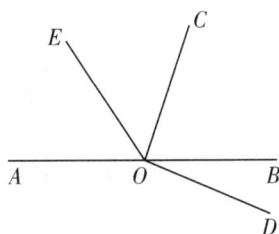

（1）求 $\angle BOC$ 的度数；

（2）若 OE 平分 $\angle AOC$，求 $\angle BOE$ 的度数．

15. 已知 $\angle AOB = 110°$，$\angle COD = 40°$，OE 平分 $\angle AOC$，OF 平分 $\angle BOD$.

（1）如下图，当 OB，OC 重合时，求 $\angle AOE - \angle BOF$ 的值．

（2）当 $\angle COD$ 从图示位置绕点 O 以每秒 $3°$ 的速度顺时针旋转 t 秒（$0 < t < 10$）；在旋转过程中 $\angle AOE - \angle BOF$ 的值是否会因 t 的变化而变化，若不发生变化，请求出该定值；若发生变化，请说明理由．

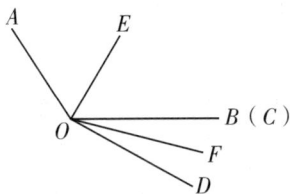

单元学业水平质量检测作业参考答案

一、选择题（共6题，每小题6分，共36分）

1. B　2. D　3. B　4. D　5. C　6. D

二、填空题（共4题，每小题6分，共24分）

7. 6　15　36　8. 135　9. 1　10. 56°18′

三、解答题（共5题，每小题8分，共40分）

11. 解：（1）作图如下：

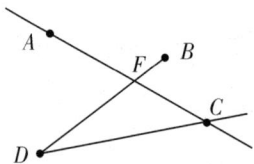

（2）∠AFB 的补角为∠BFC，∠AFD.

12. 解：

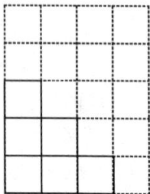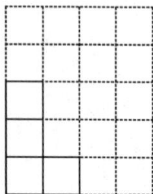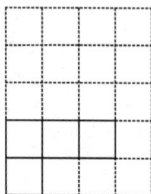

从正面看　　　　从左面看　　　　从上面看

13. 解：

（1）依题意得，$4BC = AB$.

$BC = \dfrac{1}{4}AB = \dfrac{1}{4} \times 16 = 4$ cm.

所以，$AC = AB + BC = 16 + 4 = 20$ cm.

（2）因为点 O 为 AC 的中点，

$OA = \dfrac{1}{2}AC = \dfrac{1}{2} \times 20 = 10$ cm，

$OB = AB - OA$

　　$= 16 - 10$

　　$= 6$ cm.

14. 解：

（1）∵ $\angle BOC$ 与 $\angle BOD$ 互为余角，

∴ $\angle BOC + \angle BOD = 90°$.

∵ $\angle BOC = 4\angle BOD$，

∴ $\angle BOC = \dfrac{4}{5} \times 90° = 72°$.

（2）∵ $\angle AOC$ 与 $\angle BOC$ 互为补角，

∴ $\angle AOC + \angle BOC = 180°$.

∴ $\angle AOC = 180° - 72° = 108°$.

∵ OE 平分 $\angle AOC$，

∴ $\angle COE = \dfrac{1}{2} \times \angle AOC = 54°$.

∴ $\angle BOE = \angle COE + \angle BOC = 54° + 72° = 126°$.

15.（1）∵ OE 平分 $\angle AOC$，OF 平分 $\angle BOD$，

∴ $\angle AOE = \dfrac{1}{2}\angle AOC = \dfrac{1}{2} \times 110° = 55°$，

$\angle BOF = \dfrac{1}{2}\angle BOD = \dfrac{1}{2} \times 40° = 20°$.

∴ $\angle AOE - \angle BOF = 55° - 20° = 35°$.

（2）定值，

∵ 由题意可得，$\angle BOC = 3t°$，

∴ $\angle AOC = \angle AOB + 3t° = 110° + 3t°$，

$\angle BOD = \angle COD + 3t° = 40° + t°$.

∵ OE 平分 $\angle AOC$，OF 平分 $\angle BOD$，

∴ $\angle AOE = \dfrac{1}{2}\angle AOC = \dfrac{1}{2}(110° + 3t°)$

$= 55° + \dfrac{3}{2}t°$，

$\angle BOF = \dfrac{1}{2}\angle BOD = \dfrac{1}{2}(40° + 3t°)$

$= 20° + \dfrac{3}{2}t°$.

∴ $\angle AOE - \angle BOF = \left(55° + \dfrac{3}{2}t°\right) - \left(20° + \dfrac{3}{2}t°\right)$

$= 35°$.

∴ $\angle AOE - \angle BOF$ 的值为定值.

设计学校田径运动会比赛场地

一、单元教材分析

学校体育场是学生熟悉的活动场所．以"设计学校田径运动会比赛场地"为综合与实践活动任务，贴近学生的校园生活实际，具有真实性、开放性与探究性．学生在进行综合与实践活动任务的探究中，需要综合运用数学知识与体育知识．

这个综合与实践活动任务取材于校园生活，整合了数学知识与体育知识，契合了"五育融合"的育人要求，既巩固了第六单元"几何图形初步"的知识，又衔接了小学阶段"图形的认识与测量"的内容；既训练了学生的实践操作技能，又提升了学生的运算能力与推理能力，具有一定的综合性、实践性与开放性．

二、单元学习与作业目标

（一）单元学习目标

深度理解并熟练运用圆周长、面积，矩形面积及线段长度等几何知识，准确计算田径场跑道、直道、弯道、缓冲区及各类比赛区域面积和尺寸，清晰把握其与实际场地设计的紧密联系．掌握解决实际问题的系统方法，提升数据处理、逻辑思维、空间想象和动手操作的能力．激发对数学的浓厚兴趣，培养勇于探索、创新实践的精神，增强团队合作意识与责任感，深刻体会数学在校园生活及现实场景中的实用价值．

（二）单元作业目标

学生通过作业练习体会以问题解决为导向的思维，先从数学的视角思考问题，再结合体育知识用数学的思维来解决问题，用数学的语言来表达问题，发展几何直观思维与应用意识．

三、单元课时作业

课时目标

（1）了解环形跑道的基本结构，能用数学的思维分析要素之间的关系并发现规律，能综合运用几何、代数知识来计算并确定不同情况下环形跑道的起跑线位置．

（2）了解田径比赛中的各项要求，提高应用意识，培养跨学科运用知识的能力．

课时重难点

课时重点：通过合作探究，了解不同运动项目场地设计的要求，为日后举行的田径运动会规划比赛场地．

课时难点：（1）了解 400 米标准跑道各项特征及各赛程比赛跑道起点的情况．

（2）了解田径比赛各项目比赛对于场地的各项要求．

作业时长

20 分钟．

作业类型

□个性化作业　□分层作业　☑开放性作业　☑探究性作业
☑项目式作业　☑跨学科作业　☑综合与实践作业

课时作业

1. 如右图，一个田径场由两个半圆和一个正方形组成，用 a 表示该田径场的周长是（　　）

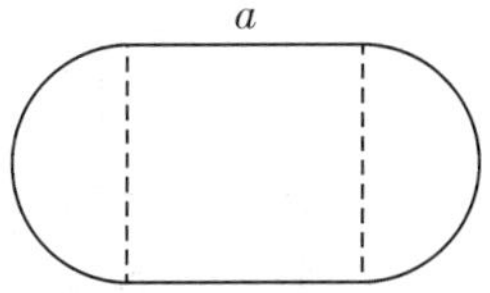

A. $4a + \pi a$ 　　　　　　B. $4a + 2a$

C. $2a + \pi a$ 　　　　　　D. $2a + 2\pi a$

2. 为了落实"全员运动"精神，办好人民满意教育，某校决定重新修建学校运动场，设计图如下：两端是半圆形，中间是长方形．这个运动场的面积是_____．（π 取 3）

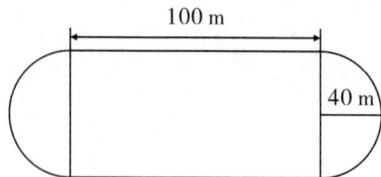

3. 下图是某校田径运动场的示意图，其中 *AB* 和 *CD* 为直线跑道，两端为半圆形跑道．如果田径运动场的总长为 400 m，其中 *AB = CD =* 100 m，试计算矩形 *ABCD* 内部操场的面积．

4. 图 1 是某校操场实物图，图 2 是操场示意图，每条跑道由两条直的跑道和两端是半圆形的跑道组成，每两条跑道之间的距离是相等的．活动小组对学校操场跑道最内圈长为 400 m 的跑道进行规划设计，且最内圈两端半圆弧的半径 *R* 为 36 m．（π 取 3）

图1

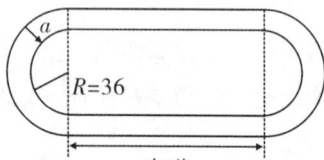

直道

图2

（1）当 *R =* 36 m 时，分别求出两端半圆形跑道的总长度和直道总长度；

（2）在活动中发现最外沿跑道周长随跑道宽度（距最内圈的距离）的变化而变化，请完成下表：

跑道宽度（m）	0	1	2	3	4	…
跑道周长（m）	400	406	412			…

若 *a* 表示跑道宽度，*b* 表示最外沿跑道周长，试用含 *a* 的代数式表示 *b*；

（3）现学校计划铺设宽度为1米的跑道共6条，则该校操场最外沿道路周长为多少米？

作业评价

作业评价表				
评价指标	等级			备注
	A	B	C	
答题的准确性				A 等：答案正确，过程正确
				B 等：答案正确，过程有问题
				C 等：答案不正确，过程不完整；答案不正确，过程错误或无过程
答题的规范性				A 等：过程规范，答案正确
				B 等：过程不够规范、完整，答案正确
				C 等：过程不规范或无过程，答案错误
解法的创新性				A 等：解法有新意和独到之处，答案正确
				B 等：解法思路有创新，答案不完整或错误
				C 等：常规解法，思路不清楚，过程复杂或无过程
综合评价等级				AAA、AAB综合评价为 A 等；ABB、BBB、AAC综合评价为 B 等；其余情况综合评价为 C 等

作业分析与设计意图

第1~4题主要考查利用几何知识在田径场设计中的运用，提高学生学习兴趣，增强运算思维能力，有利于学生对数学实用性的感悟，提升学生综合素养.

作业参考答案

1. C　2. 12 800 m²

3. 解：∵ 田径运动场的总长为 400 m，其中 $AB = CD = 100$ m，

∴ 两个半圆的周长为：$400 - 2 \times 100 = 200$（m）.

∴ 直径 $AC = \dfrac{200}{\pi}$（m）.

∴ 矩形 $ABCD$ 内部操场的面积：$100 \times \dfrac{200}{\pi} = \dfrac{20\,000}{\pi}$ （m^2）．

答：矩形 $ABCD$ 内部操场的面积为 $\dfrac{20\,000}{\pi}$ m^2．

4．解：（1）两端半圆形跑道的总长度：$2\pi r = 2 \times 3 \times 36 = 216$ （m），

直道的总长度：$400 - 216 = 184$ （m）．

答：两端半圆形跑道的总长度为 216 m，跑道中直道的总长度约为 184 m．

（2）

跑道宽度（m）	0	1	2	3	4	…
跑道周长（m）	400	406	412	418	424	…

跑道周长：$b = 400 - 2\pi r + 2\pi\,(r + a) = 2\pi r + 400 = 6a + 400$．

（3）$a = 1 \times 6 = 6$ （m），

把 $a = 6$ 代入，

$b = 6 \times 6 + 400 = 436$ （m）．

答：该操场最外沿跑道的周长为 436 m．